白球は時空を超えて

松山東高野球部　１２４年目のキセキ

著・チームまゆきよ

〈特別寄稿〉

果たせなかった思い、時を超えて。

文・北村晴男（弁護士）

松山東高校の甲子園での快挙に、心からの拍手を送ります。

平日にもかかわらず同校のアルプス席に入りきれない人達が外野席にあふれ、その大応援団からは選手の一挙手一投足に大声援が送られました。地の底から湧き上がるような大歓声から、私は、同校の野球部関係者のみならず、全ての同窓生も含めた、旧制松山中学・松山東高校という学校そのものの、甲子園に対する何とも言えない思いの爆発、凄みを感じました。

今から42年前、私も長野高校（旧制長野中学）という地方の県立高校のグランドで、ひたすら甲子園を目指し、白球を追いかけていました。あの3年間、私にとって野球が全てであり、甲子園が全てでした。

校内に文武両道と書かれた額もありましたが、私はそれを実践する気など毛頭ありませんでした。授業にしても、大学入試で選択しない世界史、日本史、化学などはひたすら眠り、夕方の練習に備えて体力の回復を図りましたし、1年の生物の授業は、最後列に陣取り、先輩から命じられたボール縫いに励んでいました。当時、ボールは今より遥かに貴重でしたから、糸が切れると、これを下級生が縫い合わせて練習に使用したのです。監督は「大学入試を考えるなら英語だけはしっかりやっとけ」と言ってくれました。私は当時、将来弁護士になると決めており、司法試験合格者を相当数輩出している大学に行く必要がありました。そこで、家では英語だけはぎりぎり勉強し、あとは3年の夏が終わってから、と決めていました。

冬場の帰宅は8時半、それ以外は9時半。帰宅後夕食などを済ませてから庭の裸電球の下で、毎日ひたすらバットスイングを繰り返していました。その目的はただ一つ、甲子園出場でした。「選手を集められないチームが強豪私学に勝つのは難しい」「進学校だから…」「公立だから…」というのは周りが言う事であって、自分達にとっては、そんな言い訳は何の意味もない。「素質のない自分達は猛練習で勝つ」「強豪私学を油断させ、その隙を突いて死に物狂いで勝つ」「頭をフル回転させてインサイドワークで勝つ」「相手も同じ高校生、必ず勝てる」そう信じていました。それでも、3年間で5回の甲子園挑戦は敢えなく失敗に終わり、果たせなかった思いは心の中に深く重く残りました。

同じ様な「果たせなかった思い」を、松山東高校の野球部歴代OBの皆さんも、それぞれに心に抱えて来られたのではないでしょうか。その思いに加えて、長年にわたって野球部を応援してきた同窓生、学校関係者、町のファンの皆さんの思いが全て一つに凝縮されたのが、あの甲子園での大歓声なのだと思います。それを背中に受けて堂々と戦い、勝利したチームの皆さんは本当に幸せですね。

この書籍の巻頭言の依頼を受けたことに、私は不思議な縁を感じています。我が母校が昭和57年春の選抜に初出場を果たした際、初戦で対戦した相手が二松学舎大付属高であり、その試合で母校を完封した好投手が現在同校を率いる市原監督なのです。その試合では、私もアルプススタンドでOBらと声を限りに応援しましたが3対0で敗れました。あの時の雪辱を松山東高校に果たしてもらったと思っています。

更に不思議なのが、私の息子が神奈川県の桐光学園の選手として夏の甲子園に出場した際、応援のために大阪に計8泊したのですが、試合のない日に大阪市内の事務所の机を私に貸してくれたのが、松山東高校出身の和気主弁護士だったのです。

そんな不思議な縁を感じている私としては、いつか松山東高校と我が母校が甲子園で対戦する日が来るのを夢見ずにはいられません。

夢の甲子園でお会いしましょう。

弁護士　北村晴男

北村晴男
1956年生まれ、長野県出身。
早稲田大学卒業後、86年に司法試験合格。東京弁護士会所属。弁護士法人北村・加護・佐野法律事務所代表。
主に一般民事（保険法・交通事故・債権回収・医療過誤など）が専門。日本テレビ系列「行列のできる法律相談所」などに出演。
その誠実な人柄で人気を博している。長野県立長野高校に在学中、野球部に入り本気で甲子園を目指した元・球児。
メールマガジン「弁護士北村晴男のスポーツ談義」を執筆中（tama-project.com）

目次 *Contents*

〈特別寄稿〉果たせなかった思い、時を超えて。 文＝北村晴男（弁護士） …… 3

プロローグ あの頃の、僕らへ。～真緑に染まったアルプスからの景色～（文＝西下純） …… 9

第1章 野球と、俳句と、場づくりと。～人生という名のダイヤモンドを駆け抜けた男・正岡子規～（文＝山岡淳一郎） …… 23

第2章 品位と品格を。～ある幻の球団を設立した男・高橋龍太郎の気骨～（文＝長谷川晶一） …… 53

ミニコラム 日本球界の発展に貢献した男たち（文＝津川晋一） …… 76

第3章 松山東高野球部クロニクル～栄光と苦難、そして復興の歴史を辿る～（文＝篠原一郎） …… 77

第4章 狭くても、勝てます。～東高ナインが実践するハンデ克服法～（文＝山岡淳一郎）……113
第5章 弱者の兵法。～2015年春・二松学舎戦ドキュメント～（文＝西下純）……145
第6章 その時、アルプスが揺れた。～甲子園に集結した7000人の仲間たち～（文＝鷲崎文彦）……177
オピニオン 21世紀枠の存在意義と高校野球100年について（文＝篠原一郎）……201
記者コラム 短期間で戦う集団に変貌した後輩たち（文＝宇和上翼）……205
特別読み物 ショートショート 甲子園の魔物 作＝田丸雅智……225
第7章 開かれた新たな扉。～2015年春・東海大四戦ドキュメント～（文＝西下純）……241
第8章 夢見る頃を過ぎても。～7000人分の1の心模様～（文＝津川晋一）……255
第9章 その後の球児たち～大学、社会人、プロ、指導者で活躍したOB～（文＝篠原一郎）……267

エピローグ

春風そよいだ、その後で。 ～21世紀枠で出場してみて感じたこと～（文＝西下純）…… 287

あとがき（文＝津川晋一）…… 292

歴代役員一覧＆OB会会員名簿 …… 296

松山中学・松山一高・松山東高 公式戦全成績 …… 306

明教倶楽部その後（卒業後も硬式野球でプレーしたOB）…… 312

著者プロフィール …… 316

スタッフ・参考文献 …… 318

プロローグ

あの頃の、僕らへ。

～真緑に染まったアルプスからの景色～

文武両道の連綿たる歴史を誇る校風にあり、同窓生の中で自分を
〝落ちこぼれ〟と苦笑する男がいる。スポーツ新聞のあるベテラン記者。
そんな彼も30数年前に汗と泥にまみれた元・球児だ。
普段から高校野球で数多くの現場をこなし、
取材対象の心の機微を描く人情派記者が、
母校への追憶と愛情を込めて書き下ろすプロローグ。

文・西下　純

枯れ果てたノドから絞り出した、健闘をたたえる言葉。

「ありがとう〜！」

「ようやったぞ〜！」

それは愛媛の県立でも有数の、りこい（利口い＝賢い）と言われる高校にかつて在籍した、豊富な語彙力を誇る（？）OB、OGたちをもってしても、至って平易なものだった。それが感動の大きさを物語っていた。

感動の根っこは二つ。「やせ蛙（↑子規でなくてごめんなさい）」と見られていた野球部員たちが、甲子園という夢の舞台で死力を尽くして東高（＝松中）野球を体現してくれたこと。もう一つは、彼らに連れてきてもらった甲子園で、僕たちがいま一度、東高生だったころ、そのまんまの気持ちを再び味わえたこと、だ。

白地で、胸には「MATSUYAMA」、帽子は「M」、ストッキングに二本線。胸のアルファベットは今回、すこしアーチを描いたが、あのクラシックなユニフォームの基本デザインは、僕が着ていた30数年前も、それ以前も変わらない。同じものを着た選手たちが、聖地で躍動しているのを見るだけで、いや、出場各校に割り当てられる甲子園練習に来た時も、晴れ晴れしい顔で入場行進をしている姿にも、いちいち胸が震えた。

本当に幸せな時間だった。それは東高が試合をしているときだけではない。昨夏、県大会決勝で涙を飲んだ。「またしばらく、夢はお預けかな」と正直、思った。ところがたくましい後輩たちは2014年の秋季愛媛県大会でも決勝まで進み、四国大会出場を果たした。ここでは初戦敗退。しかし、これと前後して「21世紀枠での出場があるのではないか」とささやかれ始めた。

僕たちの「幸せな時間」はこのあたりから始まっていた。

僕は東高野球部OBであり、デイリースポーツという新聞社でキャリアの大半をプロ、アマ問わず野球取材に費やしてきた。そんな立場にあるおかげで、出場が決まるまでは「センバツ、出れそうなかな?」、「行けろがな」という伊予弁の問い合わせもたくさんあった。面識のなかったOBたちとのネットワークもどんどん広がっていった。〝内部〟からは、東高に好意的な情報がたびたび伝わって来た。そこから出してもよさそうな情報を、卒業生たちに伝える。暮れから1月にかけては「あんまりはしゃぎよったら、選考委員の心証を悪するけん、気いつけえよ」などと、緩みそうなほおを無理に引き締めようとする者も少なくなかった。こんなやりとりを通じて、僕も、他の卒業生たちもセンバツに向けての気持ちを高めていた。

そして2015年1月23日の選考会。

僕は仕事として、会場にいた。間違いない、という確信を持ってはいたがやはり、実際に母校の名前がアナウンスされると、じわじわとした喜びが腹の底からわき上がってきた。高野連の方々、他のメディアの面々や同僚からの「おめでとう」が、本当にうれしかった。友人、知人、強豪でありながらセンバツを逃した高校の先生方に至るまで、メールで、電話で、祝福の言葉が届いた。会場の外には、大阪市内で仕事をしていて、いてもたってもいられなくなった東高野球部ＯＢの姿もあった。

数え切れないほど「甲子園」を取材してきたが、ずーっと以前に、東高に在籍したことがあるというただそれだけで、これだけ祝福してもらえることを実感して初めて、出場校の卒業生であることの喜びを理解できた。

朗報は即座に、駆け巡った。野球部ＯＢは愛媛県内や、都内のオフィシャルな会合を始め各地で集合、連絡を取り合い、関西にも連絡会が結成された。

野球部ＯＢ以外でも、各種同窓会に各年代の同期会、準備委員会が情報を持ち寄る。寄付集めにチケットやバスの手配、宿舎確保から宴会の準備が目を見張るスピードで進んでいき、メガホンにキャップ、タオルにジャンパー、キーホルダー、果ては同期会の幟《のぼり》に至るまで、グッズもばんばんできあがっていった。

僕は既視感にとらわれた。

「これ、東高そのまんまじゃが」。その感覚を弊紙電子版に書いた。

◇

130年を超えるこの学校の気質だろう。いつもは松山の、のんびりした気候に身を委ねて過ごす。しかし何か楽しげなことがある、事件が起きるなどすれば「こりゃ、大ごとじゃ！」と、生徒たちは一斉に目を覚まし、瞬時に役割分担が完了し、面白いように各ミッションが遂行される。たぶん漱石先生から今の教師陣に至るまで、時折「いらっ」とさせられながらもほほえましく感じただろう松山中〜松山東に通底する団結、集中…（デイリースポーツオンライン「オピニオンD」3月29日より抜粋）

◇

運動会に文化祭、グループマッチ…。どの学校にもあるレクリエーションだが、上記のとおり、もてるエネルギーを使い果たして各種イベントを楽しみ抜く。でありながら目配りのできるヤツがちゃんといて、はせだ（伊予弁＝仲間はずれ）はまず生まれない。だから僕のような、3年間、授業中はじっとうつむいていたような者でも、東高には特別の母校愛を持ち続けられる。

こうして、準備の段階からあのころの気持ちを味わうことができた。〝仕上げ〟が試合当日のスタンドだ（前述「感動その一」の、選手たちの奮闘ぶりについての詳細は他の章に譲ることにする）。

在校生、父兄、そして卒業年度を同じくする仲間たちなどの、モザイク状の集合体がアルプススタンドを埋め尽くした。各所から、あの懐かしい「ヒガシコー、がんばっていきま〜

〜〜しょ〜い！」、「しょ〜い！」の掛け声が飛ぶ。在学中、何度やったか分からない、時代を超えて僕たちだけが共有できる合言葉。

そして1回戦の劇的な勝利での、校歌。これもまた、母校の思い出として外すことのできないものだ。地名も校名も入っておらず、入学式で初めて聞けば誰もが「なんだかタダモノデハナイところに来たな」とワクワクの伴った違和感を覚える。そして日々、愛着を深めていった歌だ。

僕たちのころの野球部は弱かった。ただ「甲子園に行ってみたいなあ」という気持ちは、他の学校の野球部員と変わらないものだったと思う。だから当時、練習が終わるとホームベースのところに整列して、校歌を歌った。調子っぱずれだったし、弱かったから、通りがかりの女子生徒にくすくす笑われたりもした。そしてやはり、夢は、夢で終わった――、はずだった。

ところがそれを現実にしてくれた後輩たち。グラウンドで整列していなくても、ユニホーム姿でなくても、甲子園で東高校歌を腹の底から歌い、こんなに幸せなことがあっていいのか、と思わせてもらった。

一つ、気がついた。というか、思い出した。

満面の笑みで、または号泣しながら誰彼なく肩を組んで校歌を歌うスタンドの中で、野球部OBは当たり前だがほんの一握りだ。センバツ出場を巡って、さまざまな準備に奔走した人たちもしかり。僕は何度か、そういう人たちに、偉そうに野球部OBとして「ありがとう」

という言葉を使ったが、余計なことだった。彼ら彼女らは僕らのため、と動いたのではない。自分の母校の〝大ごと〟に、勝手に体が動いたのだ。

センバツでの2試合。

そして次の甲子園への期待。

後輩たちの躍動が呼び覚ましてくれた東高気質は一生の宝物だ。僕はこれから何度も何度も、この春の出来事を思い出し、かみしめるだろう。

自分たちの背中に先輩方がいると思って戦いたい。

米田圭佑（松山東高校・野球部主将）

第八
回選抜高等学校野球大会
主催 毎日新聞社
日本高等学校野球連盟
愛媛県立松山東高等学校

白球は——

MATSUYAMA

時空を超えて。

ECC
ジュニア
外語学院

松山市立子規記念博物館所蔵

第1章

野球と、俳句と、場づくりと。

～人生という名のダイヤモンドを駆け抜けた男・正岡子規～

松山にベースボールをもたらした先駆者・正岡子規。
青雲の志を抱き故郷を飛び出したその先で、この球技と運命的な出会いをした。
不治の病に冒されながらもますます熱狂し、やがて俳句や随筆などで、
その面白さを伝承し続けた子規。
彼はなぜ、米国から渡来したベースボールに魅せられたのか。
そして、野球と文学を通じて、子規が存分に発揮した才能とは。

文・山岡淳一郎

地鳴りのような大歓声に包まれて、松山東が二松学舎を下し、82年ぶりのセンバツ勝利をかちとった。日本の近代文学に大きな足跡を残した正岡子規（本名：常規1867〜1902）が、その光景を眺めていた。子規は東京で熱中していたベースボールを松山東高校の前身、松山中学の後輩に伝えている。松山東野球部のOBが子規のユニホーム姿の写真を、甲子園のアルプススタンドに持ち込んでいたのである。

写真は、正岡が「子規」と号して間もない22歳のとき、東京大学予備門（のちの旧制第一高等学校）の友人に送るために撮ったものだ。帽子を被って白シャツにニッカボッカとハイソックス、バットを手にふてぶてしく座っている。

「なるたけ野暮に無意気（無骨）に親なかせ的に撮影」したと子規は友人に書き送っている。子規の身長は163・9センチ。明治天皇の侍医だったベルツ博士の調査では、当時の成年男子の平均身長は158センチほどだったから子規は大柄な部類に入るだろう。

三度の飯より野球が好きだった子規がじっと前を見つめている。

そこには晩年、結核による脊椎カリエスに苦しみながら俳句や短歌と向き合った悲壮感はない。ベースボールに打ち込む若者の肖像は抑えきれない熱情を漂わせている。

子規は、なぜ、野球のとりこになったのだろう。

何が、アメリカ渡来のゲームに子規を熱狂させたのか……。

やや先まわりしていえば、子規は「場づくり」の天才だった。仲間を集めることにかけては独特の才能を発揮して雑誌をこしらえ、句会や短歌会を主宰し、「子規山脈」と呼ばれる人的ネットワークを築いた。もしも子規が健康で長く生きていたら、出版社のひとつや二つは立ち上げていただろう。そんな子規にとってベースボールは自らを表現する格好のステージだったのではないか。仲間を集めて鍛錬し、勝利に突き進むなかで「場づくり」の才を磨きあげたとも思われる。

親友の夏目漱石（本名：金之助1867〜1916）は、子規についてこう語っている。

「……彼には政治的のアムビション（大望）があった。そこでしきりに演説などもやった。あえて謹聴するに足るほどの能弁でもないのによくのさばり出てやった。つまらないから僕ら聞いてもいないが先生得意になってやる。

何でも大将にならなけりゃ承知しない男であった」（ホトトギス『子規居士七回忌号』1908年9月1日談）。

子規は単なるプレーヤーではなかった。ベースボールを仲間に教え、ルールを説き、用語を解説して試合を組んだ。ゲームが始まればキャッチャーをしながら指示を出す。

つまり子規は、日本で屈指のプレイングマネジャーだったのだ。

だから、いまなお野球の始祖として松山では尊敬されている。プレイングマネジャー・正岡子規は、どんな野球人生を送ったのだろう。彼が走り回ったダイヤモンドを、私は再現してみたい。時代は、少年、正岡常規が一念発起して松山を発つ前夜へとさかのぼる。

青雲の思い、孤独な旅立ち

1883（明治16）年1月、松山城の堀に面した松山中学の講堂、明教館に演壇が設けられ、聴衆が集まった。15歳の正岡は、軽く咳払いをして演壇に立った。

正岡の演題は「天まさに黒塊《こっかい》を現わさんとす」である。「黒塊」とは、7年後に開かれる「国会（帝国議会）」のメタファーだ。明治維新で士農工商の身分制度に終止符が打たれ、溶鉱炉の鉄のようにたぎっていた明治国家は、「富国強兵」の国是の下にやっと形を整えつつあった。が、一方で、長州、薩摩出身者が政府中枢を占める藩閥政治への反発が起き、国民の自由と権利を求める「自由民権運動」が高まっていた。

松山中学は、初代校長、草間時福《ときよし》によって演説や討論会で民権や国権、将来の志望を活発に論じる自由主義の気風が培われた。1879年（明治12年）に草間が校長を離任して帰京すると、草間を慕って多くの門下生が東京に遊学するようになった。

正岡の胸にも東京への憧憬が脈打っている。

「諸君よ、諸君はよろしく我が国家を顧みよ」

と、語りだした正岡の演説は熱を帯び、「黒塊」の開設に反対する勢力を「衆星（多くの星）」と呼んで糾弾した。

「……衆星たるやなお固陋にも、否、狡猾にもこの黒塊を出すを嫌い、黒塊をして光輝を発せしむるべき十分の元素を与うるあらざらんことを怖るるなり」

突然、「弁士中止！」と演説会を見守っていた教師の声が響いた。降壇した正岡は、友人の柳原正之（俳人・極堂）とともに別室に呼ばれ、説諭される。

「君らは別に深い考えを持っていないにしても、警察は君らに常に注目しとる。演説はどこからでも聴けるけん、学校は君らを守れんよ。監督の責任がある学校の立場にも同情して、以後、政談などはせぬよう注意しておくれ」

口調は穏やかだったが、ピシャリと釘をさされた。正岡は鬱屈した。狭い城下で波風を立てまいと生きる大人に辟易する。叔父で外交官への道を歩む8歳上の加藤拓川に「自由の空気を東京専門学校に吸わんと欲するなり」と、上京を懇願する手紙を送った。その年の5月、正岡は「松山中学只虚名」と漢詩に詠い、退学の決意を固める。間もなく加藤から、来るつもりならすぐにでも上京せよ、と書簡が届いた。

6月10日正午、正岡は親族や友人に見送られ、人力車で三津浜に向かった。豊中丸の中等室に入り、日が少し傾いて船が出帆すると涙がとめどもなく溢れた。瀬戸の海は美しく、悲しかった。子規は、三津浜出航を「生涯の悲痛事」の一つにあげている。

豊中丸は、今治、讃岐の多度津、兵庫の明石を経由して神戸に着く。宿で休んだ後、ふたたび神戸を出航し、横浜に着いたのは14日の未明。生まれて初めて鉄道に乗り、朝方、ようやく新橋に到着したのだった。ひと足先に上京していた柳原の下宿に行き、初めて「菓子パン」を食べる。初物づくしのなかで子規の東京暮らしは始まった。

加藤は、上京してきた甥の顔を見るや、陸羯南《くがかつなん》を訪ねるよう指示する。加藤と陸は司法省法学校の同級だったが、原敬（のち首相）らと薩摩人の校長に反発して退校した。薩長閥への対抗心を彼らは共有している。加藤はふた月後にフランス留学へ旅立つ予定だった。自分がいない間の甥の後見を陸に託したのである。

幼いころ父を亡くした正岡は、陸羯南を実父のように慕った。やがて陸が創設した新聞社に入社し、文学者、ジャーナリストとして羽ばたくことになる。

正岡は、松山出身の血縁者や友人に囲まれて「自由の空気」を深く吸い、東京大学予備門に入った。正岡は並外れた大食いだった。食堂で鍋焼きうどんを8杯も食べ、さらに注文して「無茶な不養生をしてはだめですよ」と店の主に断られる。かと思えば友だちと鎌倉まで無銭旅行に挑み、歩きだしたのはいいけれど、疲労と空腹のために戸塚でギブアップ。すごすごと引き返している。下宿料を滞納し、督促を受けて二日ばかり姿をくらましたこともある。奔放で型破りな活力は渦を巻き、八方に飛び散った。

その乱反射していた青春のエネルギーが、白いボールへと吸い寄せられていった。

ある日、友人の柳原が神田にあった正岡の下宿を訪ねると、正岡は跳ねたり、踊ったり、一人で無闇やたらと動きまわっていた。柳原があぜんとして訊ねた。

「おまえ、気狂いみたいに何しよるんぞい」

「これかい、これが、おまえ、ベースボールというもんじゃがい」。正岡はハーハー息を弾ませながら答える。

「ベースボールというもんは、そんなに踊るもんかい」と柳原が重ねて聞く。

「向こうから投げてくる球を、こちらにおるもんが、こうやって受けるんじゃがい。とてもおもしろいもんじゃ。いっぺん学校に見においで」

と、正岡は投球や捕球の動作を盛んにくり返し、嬉々として踊り続けるのであった。

正岡がベースボールと出会ったのは、東大予備門に入って間もなくだといわれている。下宿先の主人に日本初のベースボールチーム「新橋倶楽部」を結成した平岡熙《ひろし》を紹介されてのめりこんだようだ。

田安徳川家の家老の家に生まれた平岡は、明治初期にアメリカに留学して鉄道技術を学んだ。その折にベースボールを身につけ、帰国して新橋鉄道局に勤務すると同僚にゲームの仕方を教え、新橋倶楽部を結成する。ベースボール自体は、それよりも早く、アメリカ人教師によって日本に伝わっていたが、新橋倶楽部の登場でベースボールは本格的に日本に定着していく。

平岡は、「保健場」と称するグラウンドを鉄道局の敷地内につくり、毎週土曜にはローラーで整備させた。アメリカから持ち帰ったボールを模して神田の靴屋に試合球をつくらせる。

ルールブックを取り寄せ、1884(明治17)年にはスポルディング社に注文したキャッチャーのマスクを含む道具一式が届いている。正岡が保健場に通い始めたのは、ちょうどそのころだ。

新橋倶楽部は東京の学生たちの野球教習所のようなところだった。学生選手は新橋倶楽部の練習やゲームに加わって巧拙の判定が下される。正岡は真新しいミットやバットに目を輝かせて通いつめた。練習が遅くまで続くと「今日は歩いて帰るひまがなかったから」と帰宅後、下宿の女将に車賃をねだっている。

その頃のベースボールは、現在の野球とはかなり違っていた。「悪球出塁制度」こんにちのフォアボールは、九球、ナインボールまで認められ、ピッチャーの投球はワンバウンドさせている。左利きの正岡は主にキャッチャーで、ときには投手も務めた。

正岡の捕球スタイルは、一種独特だった。

両掌をまっすぐに伸ばして球を挟むように捕っていた。新橋倶楽部に初めて野球道具が届いた当時、正岡ら学生にはミットやグラブは高嶺の花だった。素手で革のボールを捕っているうちに、掌を伸ばし、挟んで捕る方法を正岡は身につけた。素手だから痛いことこのうえない。突き指で指がひん曲がるのは日常茶飯だった。

正岡に誘われてベースボールを始めた勝田主計(のちに大蔵大臣)は、正岡の捕球方法に触れて、こう記している。

「強烈な球でそんなことは出来ないが、当時はそれで間に合っていたのである。私は下手の横好きで、ベースボールの真似を四、五年続けたのみならず、ボートやテニスもやる。(明治)二四年頃には撃剣の夜稽古も始める、といったような風であるが、子規はベースボールだけで、他に亙らなかった」(『日本及日本人』第３０９号)。

東京大学予備門が第一高等中学校と名前を変えた１８８６(明治19)年、正岡は同校の花形プレーヤーとして脚光を浴びた。寄宿新報には「正岡常規氏、岩岡保作氏(のちに九州帝大教授)交互にピッチとキャッチになる」と記されている。

いま以上にバッテリーのウェイトが高かったと想像できる。正岡は岩岡とともに工夫して魔球「カーブ」を投げていたといわれる。師匠の平岡が日本で初めてカーブを投げたのを目にし、見よう見まねで覚えたようだ。正岡の左腕から投じられるカーブは、一中の後輩に伝授され、完成度が高められた。

座興を好む正岡は、しばしば仲間内の人物評価をして楽しんだ。親友七人について「七変人遊競技」という番付をこしらえている。そこには、相撲、短艇漕手、腕相撲、坐相撲、遠足、骨牌(カルタ)とならんで「弄球」という項目があり、西の大関に秋山真之(のちに海軍中将)、東の関脇に正岡が座っている。

この「弄球」こそ、ベースボールの最も早い段階での翻訳語であった。

ベースボールほど「愉快」な戦いはない

寝ても覚めても正岡の頭はベースボールでいっぱいだった。神田の第一高等中学の寄宿舎を出て、本郷に新設された松山出身者のための常盤会寄宿舎に移ってからも白球を追う。たとえば、1887(明治20)年12月25日、試験が終わり、冬休みに入ったこの日も、正岡は歓び勇んでグラウンドに出ている。一日の行動を追ってみよう。

朝8時、神田美土代町の自由亭で演説を練磨する同級生の「一々会」が開かれた。正岡も一々会に入っており、聴きに行く。正岡は松山中学時代の政談演説について、自分の進歩を妨げたのは相違ないが、聴衆の前で喋るのに慣れたことは益があったとふり返っている。学業からしばしば解放された安堵感から一々会に「うれしがりて会する者」30人余り。演説会が終わって寄宿舎に帰ると、最大の楽しみが待っていた。

正岡は随筆「筆まか勢」にこう書いている。

「正午に学校の寄宿舎に帰れば、はやベース・ボール大会の用意最中なり。余(私)もいつになく勇みたちて、身軽のこしらえにて戦場へくりだすに、いとも晴れわたりたるあたたかき日なりければ、駒の足もイヤ人の足も進みがちなり」

初冬の晴れわたった空の下、ゴムまりのように心を弾ませながら勇み立ってグラウンドに向かう正岡の姿が目に浮かぶ。ポジションはキャッチャーだ。

「この日、余は白軍のキャッチャーをつとめ菊池仙湖はピッチャーなりしが、余の方はついに負けとなれり。それにもかかわらず、仙湖と余とはパーフェクトをやりしかば、うれしさも一方ならず」

試合には負けたけれど、菊池投手とバッテリーを組んだ正岡は責任回数を完璧に抑えた。そのことが嬉しくて仕方ないという。負けん気の強さもうかがえる。

「夕刻ここを引き揚げ、これより目ざすところは（神田）連雀町の今金なり。進めや進めと同級の寄宿生一同ここに集いたり。この日の趣向はまずはじめに福引という約束なりしかば、おのおの十銭ばかりの品を買いととのえ、これを紙にて封じうえに標語を書き、くじ引きにするはずなり」

福引から酒宴に移り、芸まわしと歓を尽くして正岡たちは帰った。

第一高等中学の野球チームは徐々に力をつけていった。

正岡は「筆まか勢」に「Base – Ball」と題し、その面白さを綴っている。

「愉快とよばしむるものただ一つあり。ベース・ボールなり。およそ遊戯といえども趣向簡単なれば、それだけ興味薄く。さりとて囲碁、将棋のごときは精神を過度に費やし、かつ運動にならねば遊戯とはいいがたし。運動にもなり、しかも趣向の複雑したるはベース・ボールなり」

ベースボールはゲーム性と運動性の両方を兼ね備えているから楽しいという。続けて「戦争」に擬して試合の高揚感を述べている。

「人数よりいうともベース・ボールは十八人を要し、したがって戦争の烈しきことローン・テニスの比にあらず。二町四方の間は弾丸は縦横無尽に飛びめぐり、攻め手はこれにつれて戦場を馳せまわり、防ぎ手は弾丸を受けて投げ返し追っかけなどし、あるは要害をくいとめて敵をとりこにし、弾丸を受けて敵を殺し、あるは不意を討ち、あるは挟み撃し、あるは戦場まて(ママ)こぬうちにやみ打ちにあうも少なからず」

正岡の感性の鋭さは、ここからだ。ベースボールが戦争ごっこに似ているから楽しいと単純に言いきってはいない。こうまとめている。

「実際の戦争は危険多くして損失おびただし、ベース・ボールほど愉快にみちたる戦争は他になかるべし。ベース・ボールはすべて九の数にて組み立てたるものにて、人数も九人宛に分かち勝負も九度とし、ピッチャーの投げるボールも九度を限りとす。これを支那風に解釈すれば、九は陽数の極にてこれほど陽気なものはあらざるべし。九五といい九重といい皆九の地を用ゆるを見れば、まことにめでたい数なるらん」

現実の戦争の悲惨さに比べれば、ベースボールほど「愉快」な戦いはない、と断言している。そのうえでベースボールにつきものの「9」という数を中国の伝統的な価値観で読み解いている。「9」は中国では皇帝の数とされ、特別な意味を持つ。幼少期から漢籍に親しんできた正岡にとっては、ごく自然な解釈だったのだろう。

現代から眺めれば、野球の「9」という数に中国の価値観を投影するのはこじつけめいて感じるかもしれない。しかし、欧米の文物を、極めて情報の乏しいなかでダイレクトに受入れなければならなかった明治の人は、知識を総動員して新文化を理解しようとした。文化を吸収し、ベースボールを日本化するとは、そういうことだ。身体と頭をフルに使って吸収し、わがものとする。それが明治人の「進取の気質」だった。

正岡は、第一高等中学の運動場や新橋の保健場でボールを投げ、走り、打った。この頃を「ベースボールにのみ耽りてバット一本球一個を生命の如く思ひ居りし時なり」と述懐している。バットやボールを生きもののように愛し、無心でプレーした。バットで球をとらえる一瞬には永遠が凝結している。歓びはいつまでも続く気がしたことだろう。

だが、そんな正岡に天は非情な試練を与える。病魔がじわじわと肉体を蝕んでいた。

病をおしてグランドに立ち続けた情熱

1889（明治22）年5月9日夜、激しく咳きこみ、突如、血を吐いた。喉から出血しただけだと正岡は軽く受けとめようとしたが、翌日、医師の診察を受けて「肺病」と診断される。その夜11時、ふたたび喀血した。そこから夜中の1時ぐらいまでに「時鳥（ホトトギス）」の題で40句とも50句ともいわれる俳句をつくった。

時鳥は、血を吐くまで鳴き続けたという故事を持ち、肺結核の代名詞でもあった。肺病は打つ手のない死病である。正岡は凄まじい恐怖と格闘しながら、次の句をものにした。

卯の花をめがけてきたか時鳥《ほととぎす》
卯の花の散るまで鳴くか子規《ほととぎす》

表面的には「卯の花」も「子規」も初夏の風物であり、無造作に言葉を重ねたように感じられる。だが、卯年（うさぎ年）生まれの正岡は「卯の花」と呼ばれるアジサイ科のウツギに「縁あり」と感じていた。「卯の花」とは彼自身である。命は、よくもって10年と直観した。卯の花が散るまで、命が尽きるまでホトトギスとして鳴き続けてやろう。どんなに苦しもうが、生命を燃やし、鳴き続け、書き続けるのだ。

無常な淡い光のなかから、そんな壮絶な覚悟が浮かび上がってくる。

ここに俳人、正岡子規が誕生した。

喀血は、その後、一週間も続いた。5月13日、夏目金之助は友人と病床の子規を見舞い、帰途、子規を診た医師を訪ねて病状について聞きとる。その報告を兼ねた手紙を子規に出した。手紙の最後に、こんな句を残している。

帰ろふと泣かずに笑へ時鳥《ほととぎす》

これは夏目がつくった最初の句だといわれる。松山へ帰ろう、帰郷したいなどと弱気になるな、泣かずに笑え、と夏目らしい励ましを送っている。「小にしては御母堂のため、大にしては国家のため、自愛せられんことこそ望ましく存じ候《そうろう》」と夏目は子規を力づける。

それから10日ほど後、夏目は、子規の作品集「七草集」への批評を書き送る。七草集は、子規が前年夏に漢文、漢詩、和歌、俳句、謡曲、小説などを集めて制作したものだ。批評のなかで夏目は「当座の間に合わせに漱石となんしたり顔にしたため侍《はべ》り」と初めて「漱石」と号した。夏目漱石が出現したのである。

喀血が子規を生み、子規が漱石を表舞台に引っ張り出す。わずか二、三週の間に子規と漱石が現われたことは近代文学の奇跡かもしれない。

7月、東海道線の新橋―神戸間が全線開通した。所要時間は片道20時間。子規が船で4日もかけて上京してから数年で、鉄道は目覚ましい高速化を遂げる。

試験を終えた子規はベースボールを仕込んだ勝田主計に付き添われ、列車で東京を発つ。

静岡と岐阜で泊り、松山に帰省した。子規は母の八重や妹の律に血を吐いたことは伏せ、昼寝をして保養する。

体調が幾分回復した子規は、松山中学の生徒だった河東碧梧桐にベースボールを教えた。球が高く飛んできたときはこう、低くきたときはこうだ、と「物理学」みたいな野球のイロハを説く。河東は『子規の回想』にこう記す。

「この初対面の延長で、私はすぐ表の通りへ引張り出されて、今まで教わった球のうけ方の実地練習をやることになった。私は一生懸命にうけるというより球を攫んだ。掌の裏へ突き抜けるような痛さを辛抱して、なるべく平気な顔をしていた」

子規は、頭上にきたら飛べ、両手を出しさえすればうけられる、と手ほどきをした。

「ちょっと投げてごらん、と言われて、その投げ方がちょうどいい具合にいかない。二、三度くり返して、やっと思いきって投げた球を、一尺も飛び上がってうけたお手本に驚くよりも、半ば忘れかかっていた眼つきの鋭さが私を喚び覚ました。子規は赤く腫れたようになった私の手を見ながら、いろいろ言い慰めて、初めてにしてはうまいものだ、ナニ球はすぐにうけられるなどと言った」（前掲書）

河東は子規直伝のベースボールを松山中学の生徒たちに広める。

翌年の夏も帰省した子規は、東京帰りの書生仲間と松山城の北の練兵場でバッティング練習中の松山中学の生徒の輪に入った。「ちょっとお借しの」とバットとボールを受け取ってバッティングを披露した。練兵場の中学生のなかに高浜虚子がいた。

「そのバッチングはなかなかたしかで、その人もついには単衣の肌を脱いで、シャツ一枚になり、鋭いボールを飛ばすようになった」（『子規居士と余』）と高浜は回顧する。ボールが逸れて高浜の前に転げてきた。高浜がボールを拾って「その人」に投げ返す。

「その人は『失敬。』と軽く言って余からその球を受け取った。この『失敬』という一語は何となく人の心をひきつけるような声であった。やがてその人々は一同に笑い興じながら、練兵場を横切って道後の温泉のほうへ行ってしまった。

このバッターが正岡子規その人であったことが後になってわかった」（前掲書）。

碧梧桐と虚子は、後年「子規門下の双璧」と呼ばれ、俳句の革新運動の継承者となる。その二人がベースボールを介して子規と邂逅した事実は記憶にとどめておきたい。血を吐きながらも、子規はベースボールへの抑え難い熱情を筆に託す。

『啼血始末』には病気とベースボールの間を揺れる心情が記されている。この随想は地獄の判事、閻魔大王の前で被告の子規が病気についての「取り調べ」を受ける形で展開する。検事役の鬼に「運動はしていたか」と問われ、子規は「運動はまずきらいの方でした」と答える。さらに「出京後もやはり散歩や運動はせぬか」と尋問され、こう吐露する。

「ベース・ボールという遊戯だけは通例の人間よりもすきで、餓鬼になってもやろうと思っています。地獄にもやはり広い場所はありますか。うかがいとうございます」

「あるとも、あるとも。そんなにすきならその方が来たときには、鬼に命せてその方を球にして鉄棒で打たせてやろう」と鬼が言う。

「へへへへ、これは御笑談じゃ。鬼に鉄棒、なるほどこれは、へへへへ」

「だまれ被告。地獄で笑うとは大禁物だぞ」と判事が一喝……。

子規は、苦悶をユーモアに包んでベースボールを語る。病気の原因に話が及ぶと、「自分は散歩や運動はきらいな癖にやるというとベース・ボールのごとき過激な運動をするのも、かえって身体を害したのでしょう。マア原因はこんなものです」と分析する。

病気とベースボールの間で心は揺れていた。

子規は、しかしグラウンドから離れようとはしなかった。常盤会寄宿舎の寮生20名ほどを糾合し、「ベースボール会」というチームを結成する。1890（明治23）年3月には友人宛ての手紙で、幼名の「升（のぼる）」にちなんで「野球（のぼーる）」という雅号を使った。ベースボールに関連して「野球」という文字が歴史上、初めて使用された。

ベースボールを「野球（やきゅう）」と訳すのは、4年後に一高の野球部員だった中馬庚《ちゅうまんかなえ》が「Ball in the field－野球」と意味づけるまで待たねばならないが、ベースボールの日本化に「野球（のぼーる）」がはたした役割は小さくない。常盤寄宿舎の「ベースボール会」は、プレイングマネジャー正岡子規、一世一代の「作品」であった。

野球と文学に残された時間を注ぎ込む

90年3月21日、東京の空は、どんより曇り、朝から小雨がぱらついていた。本郷の常盤会寄宿舎では、ベースボール会の第四回大会を上野公園博物館横の空地で行うかどうか、意見が割れていた。

「これから本降りになりそうじゃ。延期したほうがよかろう」

「せっかく、キャッチボールをして、練習をしてきたんじゃから、予定どおりやろう」

「もうちょっと待つか」

と、空模様を眺めていた選手たちは、気を取り直して身支度を整え、午後、上野公園へと向かった。その春は例年よりも暖気が強く、彼岸桜が咲きそろっていた。上野に着いた選手たちが白組と赤組に分かれ、キャッチボールを始めると、雨が降っているにもかかわらず、公園はたちまち黒山の人だかりとなった。

白組は投手・佃一豫（のちに日本興業銀行副総裁）と捕手・勝田主計がバッテリーを組み、赤組は子規がキャッチャー、投手は河東碧梧桐の実兄、竹村鍛が務める。試合が始まると、往来の書生、職人、官吏、婦人などことごとく立ちどまって選手の一挙一動に見入った。公園は観客が詰めかけ、立錐の余地もないありさまだ。

左利きの子規は、ホームベースの後方、かなり離れたところにしゃがみ、掌を真っすぐ伸ばして竹村が投じるワンバウンドを捕球する。キャッチャー以外の野手は、現在のポジションと同じ位置で守っている。『一高野球部史』によれば、当時、バッターは好きな高さにストライクゾーンを指定できた。

「眼から乳」の高さを「ハイボール」、「乳より腰」を「フェア」、「腰より膝」を「ロー」として、打者があらかじめ好きな高さを球審に申告し、ストライクゾーンが設けられた。バッターの選んだ高さ以外の投球はすべて「ボール」と判定される。

試合は、子規率いる赤組の優勢で進んだ。そのスコア表を「球戯の番付（図）」と称して子規は残している。『一高野球史』などの資料によれば、◯はホームインによる得点、×は三振かフライをとられてのアウト、1stは内野ゴロなど打者のファーストでのアウト、Sは走者の残塁、lは走者が塁間に挟まれてのアウト、Foはファウルを打ってのアウトを指す。

子規は6度打席に立って、3得点、残塁1、ファウルアウトが2という成績だ。リードオフマンぶりをいかんな

白

勝田	C	◯…………◯………1st……1st
佃	P	◯…………1st ………… ◯
渡部	S	1st …………× ………… Fo
吉田	1st	S ……………×………… ◯
土居	2^{d}	1st …………× …………S
河東	3rd……1st	…………… S …×
伊藤	R………*l*	…………… × …… 1st
山崎	Ce.……………	1st………1st……×
山内	L……………	× ……………× ……S
横山		……………◯…………◯……×

赤

正岡	C.	◯……◯…… S ……◯…Fo…Fo
竹村	P.	◯……◯……Fo……◯…◯…Fo
寒川	S.	S ……◯………◯…◯…◯……1st
小崎	1st	Fo…… S ……◯…◯…◯……◯
高市	2^{d}	× ……× ………× …× … S ……1st
五百木	3^{d}	…×…… 1st…… S … S … S
大原	R	… 1st ……×…… Fo… Fo…×
山田	Ce.……	◯……◯………◯…◯…◯
新海	L	………× ……× ………◯…◯… S

く発揮している。

イニングが進み、五回に入ったところで雨脚が強くなった。押し寄せていた群衆は、一人減り、二人減り、とうとういなくなった。それでも試合は中断せず、試合終了が告げられたときには雨はすっかりあがり、空は晴れ渡っていた。

試合は22対7で、子規の赤組が勝利を収めた。日誌に子規は満足そうに記す。

「この日の遊びは常盤会寄宿舎のベースボール会の第四の大会なるが、今年一月の頃施行せし時にくらぶれば、皆非常の上達を現わしたり」。

冒頭の子規のユニフォーム姿の写真は、上野公園での試合の前後に撮影したものと思われる。野暮に無骨に「親なかせ」的に撮影したのは、母や妹の知らないところで肺病が悪化するのも顧みず、野球にのぼせる「後ろめたさ」の裏返しだったのかもしれない。

砂時計の砂がチリチリと落ちるように、投げ、打ち、走れる時間が少しずつ減っていた。過ぎゆく時を惜しんで子規は野球に没頭する。

5月18日、第一高等中学の運動場で、めきめき力をつけていた明治学院との試合が組まれた。子規は母校の戦いぶりを見ようといそいそと出かけていく。試合は、先行の第一高等中学が一回無得点に終わると、明治学院はその裏2点をあげる。第一高等中学のピッチャー岩岡保作は臀部を痛めており、コントロールがままならない。岩岡は、子規と「交互にピッチとキャッチ」をこなした主戦投手だ。六回までに明治学院が6点をリードする。

「そのまけかた見苦しき」と子規は記して悔しがる。本来なら子規も、この試合に出るはずだったのではないか。体調がすぐれず、観戦に回ったのだろうか。

明治学院の大量リードでゲームが進んでいた最中、ひとりの外国人が校庭の垣根を乗り越えて入ってきた。明治学院の講師でアメリカ人の神学博士、インブリーだった。第一高等中学を応援する観客のなかには血の気の多い柔道部員がいた。味方の劣勢でいら立つ柔道部員は、禁制の垣を乗りこえて闖入した白人に突進し、殴りかかり、石を投げる。

投石がインブリーの顔面に当たって流血。グラウンドはたちまち修羅場と化した。何とも乱暴な話だが、騒動の背景には宿願の「不平等条約の改正」に向けて鹿鳴館を設け、積極的に欧化政策を進める政府への反発もひそんでいる。試合は中止された。

外国新聞は、この蛮行は日本人が日頃抱いている「排外思想の現われ」だと批判する。加害者は礼儀を知らない無知蒙昧と罵った。「脱亜入欧」のスローガンとは裏腹に明治中期の日本には東洋思想に根を張った伝統文化への強い志向性もあり、緊張をはらんでいた。

国際問題に発展するのを怖れた第一高等中学の校長は、外務省を介して事態の収拾に動いたという。インブリーも事を荒立てず、事件は収束された。

子規は、インブリー事件の数日後、隅田川の河川敷で常盤会の野球大会を催すために「ベース4個、バット1本」を買い込む。その日のうちにバットは折れたので、すぐに買い替えた。ベースボール会を強くしようと心を砕く。明治学院への対抗心があったとしても不思議ではない。野球に材を採った「山吹の一枝」という小説を、友人と交互に執筆し、帰省した松山の練兵場で松山中学の生徒にバッティングを指導した。

9月、子規は帝国大学文科大学哲学科に入学し、翌年2月に国文科に転じる。いよいよ文学に生きる思いを強める一方、体力は衰え野球に耐えられなくなった。ベースボールの神様が子規に与えた砂時計の砂は落ち切った。

子規は、プレーを断念する。河東碧梧桐の『子規を語る』などから子規の「引退野球」が行われたのは1891年春だったと推察される。この時期、上京して常盤会寄宿舎に入った河東は「今日は珍しく元老（常磐会寄宿舎の年長者）が出かけるそうな、という元老の一人に子規も加わっていた」と『子規を語る』で、その日の野球について記している。

元老と一緒に出かけた河東は、グラウンドの後方、外野の隅に立った。先輩たちが一通り、打撃練習を終えると、千両役者の子規が打席に入った。

「いよーっ」と囃したてる声が掛かる。投球に対して、二度、三度と子規はバットを振る。バットは虚しく空を切った。10回振って、やっとひとつ当たるかどうかだ。

興奮してきた子規は上着を脱ぐ。真っ白なシャツが河東の目に沁みた。空振りを気にせず、元気いっぱい振り回す力強さが、一種不気味な印象を与える。と、同時に子規への「気の毒さ」が河東の胸にひろがった。

野球を終えて寄宿舎に帰り、河東は顔や手足を洗い、部屋に戻る。そこに子規がいた。

「子規は私の部屋で兄（竹村）と話していた。まだ肌も入れない、シャツのままで敷居に腰かけるようにしていた。乳のあたりに刷毛で刷いたように赤土がついていた」（前掲書）。子規は竹村に向かって言う。

「馬鹿にくたびれたかい。バットが当たらないと、一層くたびれるようじゃナ。しばらくやらないと、ちょっとした呼吸を忘れる……恐ろしいもんじゃナ」

河東は子規譲りの「写生」の筆致で、こう記す。

「子規がこんなことを言っているのを小耳にはさみながら、今日に限って血の気のない、艶のない、蒼ざめたその横顔をぬすみ、ぬすみ見ていた。顎の関節のところが、お能の面のように刻みだされているのでもあった」

この日を最後に子規がふたたび打席に立つことはなかった、と思われる。

ベースボールの歌、その類稀なる革新性

プレーへの断念は、子規の青春の終止符であるとともに文学者、ジャーナリストとしての出発点でもあった。1892（明治25）年10月、子規は敬愛する陸羯南に相談のうえ、帝国大学の退学を決意。その年の暮れに陸が主宰する「日本新聞社」に入った。松山から母と妹

を呼び寄せ、上根岸に一家を構える。

陸の新聞『日本』は、三宅雪嶺や長谷川如是閑らの論客、記者を集めて薩長の藩閥政治や皮相な欧化政策を鋭く批判し、しばしば政府から「発行停止」の処分を受けていた。『日本』の主張は、単なる排外主義、攘夷論ではなく、「国民精神の回復発揚」を眼目としつつ西欧の理学、経済、実業などを「欽慕（敬慕）」するものだ。明治国家の近代化、西欧の文物の日本化の過程で「国民主義」の軸を形成していた。

子規は、『日本』で「国民精神の回復発揚」の視点から伝統詩の再生を託される。月並俳諧の陳腐さを否定し、松尾芭蕉を評価して忘れられていた俳人、与謝蕪村を発掘する。周りが止めるのも聞かず、日清戦争に近衛連隊付記者で従軍した。帰りの船中で喀血し、神戸の病院に入院するも病状は悪化。重態に陥った。

何とか回復し、帰郷して松山中学の英語教師だった夏目漱石の仮寓（愚陀仏庵）に転がり込む。連日、句会を催した。一命をとりとめた子規は、青春の「忘れ物」を取りにいくかのように野球に健筆をふるう。

1896（明治29）年5月23日、母校の第一高等学校が横浜外人倶楽部と対戦し、「29対4」の大差で勝利を収めた。子規の血は沸騰する。25日付の『日本』は「第一高等学校大勝」の大見出しを掲げ、二段抜きで詳しく報じている。

「空もようよう晴れかかりしが正午なりけん。たちまち飛電は来たって高等学校へ急を報じ、いよいよ勝敗を戦わすこととなりたりとあるに待ち構えたる学生天にも登る心地して、一時にどっと鬨の声をあぐるや否や、箸をなげうち、お鉢を蹴出し、者どもつづけと我先に群がり出たる学生は、無慮これ四百余名と注されける。これがため新橋停車場は客車にさしかえを来し、駅夫の狼狽一方ならず……」

と、横浜の試合場を目ざして一高の学生が馳せ参じる場面の筆は躍っている。

日米決戦は6月5日にも横浜で行われ、またも一高チームが「32対9」で勝つと『日本』は「ベースボール最後の仕合」と報じる。さらに6月27日、一高のグラウンドに米艦船デトロイト号の選手を迎えて第三戦が催される。『日本』は「第三対外ベースボール（第一高等学校又又大勝）」と見出しを打って試合経過を詳報した。

三連敗でアメリカ側はいきり立った。ベースボールの本家の意地にかけて勝利をもぎとろうと名うての選手を集める。アメリカ独立記念日の7月4日、横浜で第四戦が組まれた。

これまた『日本』は二段抜きで報じ、こう記す。

「開戦の結果はついに一四に対する十二（昨日の電報十二と十は誤植）すなわち二の差をもって我の敗となりおわんぬ。米国の忘るべからざる記念日はまた我が忘るべからざるベースボール上の記念日となりぬること是非なけれ」

ついに一高は2点差で敗れたが、『日本』は7月4日を「ベースボール上の記念日」と読者の脳裏に刻みつけている。日米決戦が終わると、子規は『日本』に連載中の「松蘿玉液」

で三回にわたってベースボールの解説をした。グラウンドに立てなくても、一人でも多くの読者に野球を知ってほしいと筆に力を込める。

子規の伝統詩への変革の意識は激烈だった。「歌よみに与ふる書」の連載では「貫之は下手な歌よみにして古今集はくだらぬ集」と一刀両断。当世の歌人が聖典のごとく崇め、規範にしていた古今和歌集を否定し、『万葉集』を高く評価した。

子規は、綿密な研究をもとに固定化して生気をなくした和歌を打ち砕く傍ら、実作で新たな可能性を示した。したり顔で批評するのではなく、自ら範を示して実践する。その意味では、文学において子規はプレイングマネジャーを貫いた。

変革の意思がはつらつとした表現に結びついたのが、1898（明治31）年5月、『日本』に発表した「ベースボールの歌」であろう。9つの短歌のなかでも次の一首は秀逸だ。

久方のアメリカ人のはじめにしベースボールは見れど飽かぬかも

松山市立子規記念博物館の学芸員、上田一樹は「季刊　子規だより　Vol・26−1」で、この歌を解説している。

「改めて作品に目を移すと、歌のしらべにのせて、ベースボールに関する『洋語』が効果的に使われていることがわかる。また、『天《あめ》』にかかる枕詞である『久方の』をアメリカ人の『アメ』にかけたり、歌数を九首（ナイン）とするなど、子規特有のセンスによる新しい試みがみられる」

ベースボールの歌の革新性こそ、子規が生涯かけてたどり着いたホームベースだった。

ベースボールの歌を詠んだ4年後、子規はひそかに逝った。母の八重は、病臥したままの遺体を整えようと、左向きにぐったり傾いた肩を抱き起こし、「サア、もう一遍《いっぺん》痛いといてお見《み》」（河東碧梧桐『子規の回想』）と強い調子の松山弁で語りかけたという。

「久方のアメリカ人」が指し示した先には、日本化したベースボール、野球の道がどこまでものびていた。子規は、天の高みで、いまも松山の野球を見おろしている。

「ちょっとお借しの」。バットを欲しがる声が響いてきそうだ。

（旧仮名は、一部現代仮名に改め、句読点をふりました）

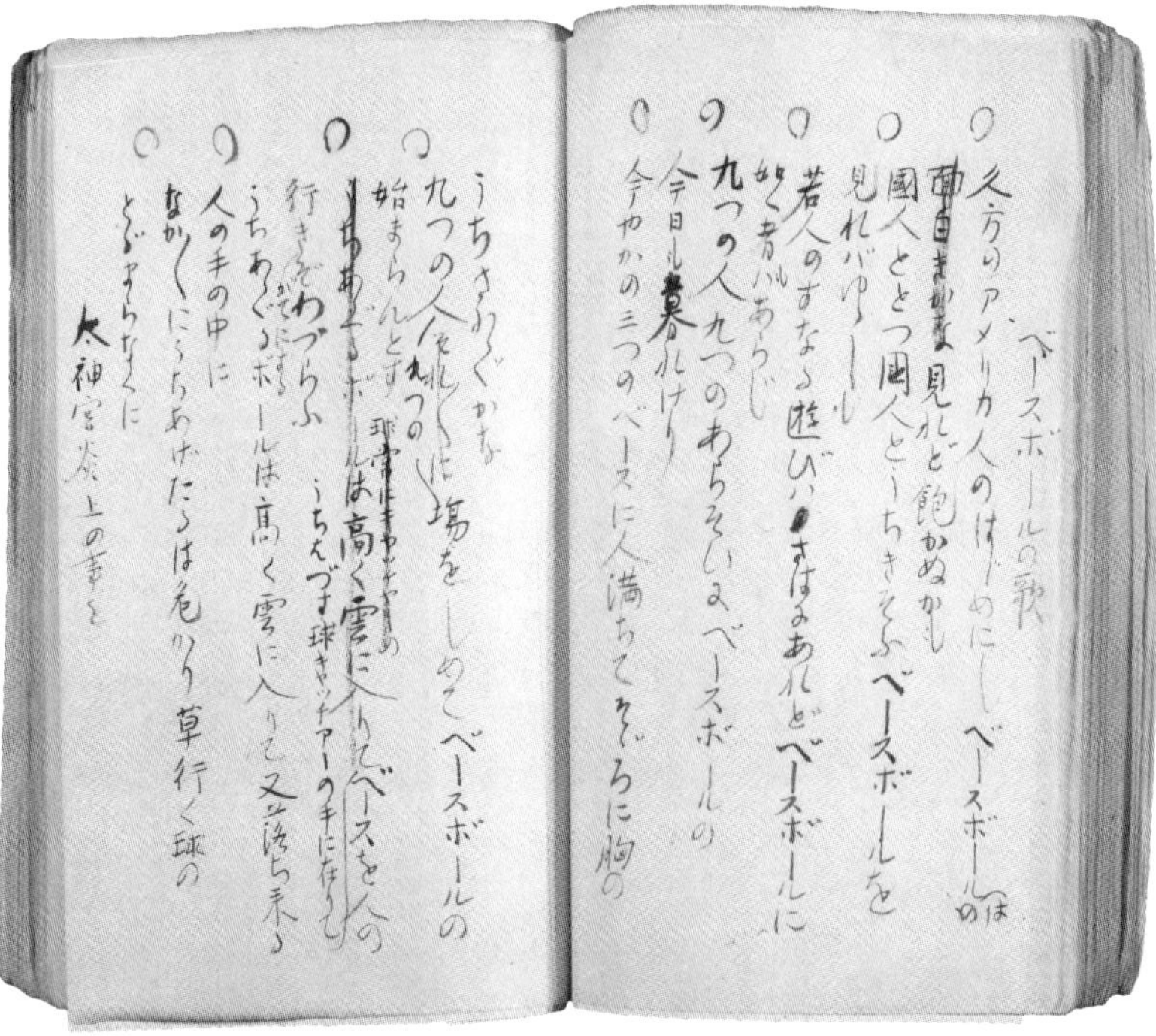
ベースボールの歌
久方のアメリカ人のはじめにしベースボールは見れど飽かぬかも
國人ととつ國人とうちきそふベースボールを見ればゆゝしも
若人のすなる遊びはさはにあれどベースボールに如く者はあらじ
九つの人九つのあらそひにベースボールの今日も暮れけり
今やかの三つのベースに人満ちてそゞろに胸のうちさわぐかな
九つの人九つの場をしめてベースボールの始まらんとす
うちあぐるボールは高く雲に入りて又落ち来る人の手の中に
なかなかにうちあげたるは危かり草行く球のとゞまらなくに

子規歌稿「竹乃里歌」より「ベースボールの歌」（松山市立子規記念博物館所蔵）

提供·秋山哲夫

第2章

品位と品格を。
~ある幻の球団を設立した男・高橋龍太郎の気骨~

今から60年以上も前。
私財を投げ打ち、後のプロ野球興隆の礎を築いた一人の男がいた。
伊予尋常中学(現・松山東高)OBの高橋龍太郎。
彼はなぜ晩年を野球に捧げたのか。
そして日本の未来を担う若者たちに託した想いとは。

文・長谷川晶一

野球を通じて、青少年に武士道精神を！

野球の興隆こそ、敗戦後の日本人の精神的復興を可能にする――。

そんな思いを抱いて、人生の晩年を野球に捧げた男がいる。戦後の荒廃の中で、日本人がかつて誇っていた「武士道精神」を、若者たちにいま一度取り戻してほしい。そんな大志を抱いて、80歳を前に新たな挑戦に踏み出した。

上品なチームを、品位と品格のある選手を――。

そんな理念を掲げて新球団を結成し、監督、選手たちに接した男がいる。たとえチームは「最弱球団」と呼ばれようとも、観客動員に苦戦しようとも、品位と品格を身につけるのに野球は最適の方策である。揺るがぬ信念とともに、野球を愛し続けた。

高橋龍太郎――。

日本プロ野球80余年の歴史において、戦後間もない1954（昭和29）年からのわずか3年間だけ存在した幻のチーム――高橋ユニオンズ――に滅私の精神で物心両面から献身的にサポートを続けたのが龍太郎だった。

すでに60年も前の出来事だ。よほどの野球通でなければその名を知る者は少ない。

チームに冠された「高橋」とは、もちろん企業名ではなく、オーナーである高橋龍太郎の名前から採られたものだ。日本のプロ野球史において、唯一の個人名が冠された高橋ユニオンズ。彼は私財を切り崩し、懸命に球団運営を行った。

そして、この龍太郎こそ旧制松山中学に連なる伊予尋常中学、現在の松山東高ＯＢであり、現在に続くプロ野球興隆の礎を築いた人物である。

＊

1875（明治8）年7月15日、愛媛県喜多郡内子町で父・吉衡、母・ミチ子との間の次男として生まれた高橋龍太郎は、長男がすぐに亡くなったために事実上の次期家長として育てられることになる。地元の名士であり、武芸に秀で、数学、漢学の素養もあった吉衡は「内子聖人」として地元では親しまれていた。父の教えを受けて、龍太郎も幼い頃から利発な少年として有名で、やがて、後の旧制松山中学へ進学する。龍太郎が入学した頃は、ちょうど私立伊予尋常中学校の頃で、卒業するときには愛媛県尋常中学校と改称されていた。

中学入学と同時に松山市内で暮らしたのは、父の知り合いである数学教師の渡辺政和の邸宅だった。この渡辺は、夏目漱石の『坊っちゃん』に登場する「山嵐」のモデルであるとも言われている。

この頃には伊予尋常中学に野球部はない。しかし、正岡子規らによって、同校には野球ブームが起きていたという。龍太郎もまた、アメリカからの新しいスポーツに夢中になったのだろうか？　残念ながら、この頃の「龍太郎と野球」を関連付ける資料、証言はない。もしも、在学当時に野球部があったならば龍太郎は野球の道を進んだのだろうか？

愛媛新聞社が発行した『愛媛の野球１００年史』によると、愛媛県に野球が伝来したのが明治22年7月だという。そして、翌23年には次の記述がある。

この頃、子規の指導を受けた常磐会寄宿舎の学生らが帰省の際に、松山をはじめ県内各地にベースボールを伝える。伊予尋常中の米国人教師らも指導し、ベースボールが中学生の間に広まっていく。

まさに、この年に中学生になったのが龍太郎だった。松山の街でベースボール熱が高まりつつある頃、龍太郎もまた新たな人生の第一歩を踏み出したのだった。

中学卒業後は東京高等商業学校（現・一橋大学）に入学したものの、重度の脚気のために療養を兼ねて、京都第三高等学校（現・京都大学）へ転校。卒業後は大阪麦酒会社（後の大日本麦酒、現・アサヒビール・サッポロビールホールディングス）で本格的にビール作りの道へ進んだ。ビールの本場であるドイツ留学を経て、帰国後、龍太郎は常務取締役となり、そして社長に就任。やがて、国内生産量の7割を占めるようになり、「日本のビール王」と呼ばれることになる。終戦後には、東京商工会議所会頭、勅選貴族院議員、参議院議員、吉田茂内閣の下では通産大臣として、戦後日本の復興に尽力した。

そんな龍太郎が、どうして隠居していた晩年に私財を切り崩してまで、プロ野球の世界に関わることになったのか？ どうして、野球の世界に身を投じたのか？

まずは1953（昭和28）年暮れに、時計の針を戻したい――。

第8球団・高橋ユニオンズ誕生

53年の暮れも押し迫ったある日、東京・目黒にある瀟洒な邸宅に大映スターズオーナー・永田雅一を乗せた乗用車が止まった。目的は、大日本麦酒の社長を経験し、戦後には参議院議員として通産大臣も歴任した「日本のビール王」こと、高橋龍太郎に接見することだった。すでに78歳の高齢で隠居状態にあった龍太郎を前に、永田は仰々しく切り出した。

「今日は、高橋さんのお力でこの永田を男にしてもらうために参上しました」

この頃、四十代の後半にあった永田は独特の口調で力強くまくし立てた。

「私はパ・リーグの総裁になるに当たって、従来の7球団制を改めて8球団制を敷くことを提唱しました。これは、プロ野球発展のためにも、ぜひとも実現しなければならないことだと思っています……」

この年の12月にパ・リーグ総裁に就任したばかりの永田の鼻息は荒い。大好きなパイプをくゆらせながら、龍太郎は黙ったまま聞いている。

「……私は自分のこの案が、理想的であり、必要なことだと信じています。幸いにして、リーグの各オーナーも賛成してくれています。ところが、第8球団と目していたところに当たってみると、どこも引き受けてくれない。このままでは、提唱者の私は笑い者になり、面子は丸つぶれです……」

ときに高圧的に、ときに憐れみを誘って演説は続く。まさに「永田ラッパ」の面目躍如だった。本業の映画部門ではプロデューサーとして、51年に『羅生門』でヴェニス映画祭のグランプリを獲得し、龍太郎宅を訪れた翌年の54年には『地獄門』でカンヌ映画祭のグランプリを手にするという、まさに絶頂期にあった。

第8球団の親会社として折衝を続けていた朝日麦酒の他にも、トヨタ自動車、大日本製糖、塩野義製薬との交渉が暗礁に乗り上げていた。ここで失敗するわけにはいかなかった。得意の弁舌で高橋翁を口説きにかかった。

「……そこで、お話があります。高橋さんは戦前、イーグルスという球団を援助されていたこともあります。そして、野球に対して深い理解と立派な見識をお持ちだと承っています。

この際、ぜひともプロ野球百年の大計のためにご出馬願いたい！」

戦前の数年間存在したイーグルス。そのオーナーを務めていた経験を持つほど野球を愛していた龍太郎に対して、「百年の大計」という言葉を永田はあえて使った。

「……いきなりの話で驚かれたかもしれませんが、高橋さんが引き受けてくださるのであれば、決してご迷惑はおかけしません。リーグとしても8球団制によって利益を得るのだから、第8球団実現に当たってはあらゆる援助を惜しまない決議をしています……」

永田の言う「あらゆる援助」とは、新球団設立のために既存の7チームから一流選手を供出すること、そして、資金面でも永田を中心として支援することだった。黙って話を聞いていた龍太郎は、くわえていたパイプを手に取りながら、ゆっくりと口を開いた。

「……わかりました。そこまで言うのであれば、お引き受けしましょう」

すでに隠居状態でありながらも、「自分が《百年の大計》の役に立つのであれば……」、そんな思いが龍太郎の胸中を去来していた。

さらに、龍太郎の胸の内には、「野球の興隆こそ、敗戦後の日本人の精神的復興を可能にする」という思いがかねてからあった。かつては確かに存在していた武士道精神。しかし、戦後の青少年たちの中からは、すでにその美徳は消え失せていた。戦後失われてしまった武士道精神を青少年たちに再び取り戻させたい。品位と品格を呼び起こしたい。龍太郎はそう考えていた。新聞記者に意気込みを問われた龍太郎は静かに、しかし、力強く答えた。

「この年になって、プロ野球に乗り出したのは日本の野球をますます盛んにするためです。私が決心した以上は、中途半端なチームは作りません。ぜひとも立派な新球団を作りたいと思っています」

事実、これから始まる3年間。龍太郎は自ら率いるチームに対して、物心ともに献身的な支援を続けることになった。

54年2月1日――。ようやく新チームの名前が公募によって正式決定した。約2万通あまりの応募の中から、「ユニオンズ」が選ばれた。

高橋ユニオンズ――。

それは、龍太郎が社長を務めていた大日本麦酒の主力商品だったユニオンビールに由来する名称だったが、寄合所帯のメンバー事情を皮肉り、「文字通り寄せ集めの意味だろう」と馬鹿にする者も多かった。パ・リーグ総裁の永田雅一による「永田ラッパ」に乗せられる形で、期せずして球団経営に関わることになった高橋龍太郎はこのチームを愛した。

選手たちはみな孫の世代だった。

シーズン中も、川崎球場まで何度も足を運び、選手たちの活躍を見届けてきた。勝利を手にすれば真っ先にベンチに駆けつけ、浜崎真二監督や選手たちに対して、「よくやった」と心からのねぎらいの言葉を送った。ふがいない敗戦を喫したときには選手たちを気遣って裏口からひっそりと帰宅した。

折を見てはビアガーデンや洋食屋を貸し切りにして、選手たちのために激励会を開催した。夏場に自ら主催した「すき焼き会」の席上、龍太郎は言った。

「まだまだ暑い日々が続くから、選手諸君にビールを贈りたいと思う」

はたして、その約束通り3日後には各選手にビールの小瓶が2ダース届けられた。

世間からは「年寄りと呑み助ばかりのポンコツ集団」と言われながらも、選手たちはとにもかくにも戦い続けた。チームは弱かった。同時代の西鉄ライオンズと比べると、スター選手は皆無だった。それでも龍太郎はこのチームを愛した。

資金難にあえぐ中、金策のために自宅を売却

オーナーである高橋龍太郎のポケットマネーで球団運営を行っていたユニオンズは、1年目のシーズンを終えて、すでに深刻な資金難に陥っていた。公務員の初任給が8700円の時代に、チーム初年度、龍太郎の個人的な負担は5000万円をゆうに超えていた。54年11月30日には、渋谷区猿楽町の邸宅を売却し、目黒区上目黒に転居。翌年に備えて、なおも私財を投入する龍太郎の決意と覚悟の表れだった。

そこで、パ・リーグ総裁・永田雅一が考え出したのが、今で言う「ネーミング・ライツ」の先駆けである「名義貸し」という秘策だった。

龍太郎は親会社やスポンサーに頼らず、「独立採算制」を理想に掲げたチーム作りを夢見ていた。しかし、現実は龍太郎の想像以上に厳しいものだった。

球団結成当初に交わされた「リーグ全体で高橋球団を支援する」という約束も、この時点では完全に反故にされていた。むしろ、連盟サイドはユニオンズに対して非情とも言えるほどの冷淡な態度をとり続けていた。

その理由は「初年度にして、東映や大映よりも強いチームをこしらえてあげたのだから、これでもう約束は果たした」というものだった。ナインとフロントが一丸となって8球団中6位となったことが、結果として仇になった。この頃から、龍太郎とその息子の敏夫の中では永田に対する拭いがたい不信感が増していくことになる。56年には球団代表を務めることになる敏夫は「こんなことなら最下位になればよかった」と愚痴をこぼした。

この頃、12月5日付の読売新聞にユニオンズの「名義貸し騒動」についての終結記事が掲載された。

「球団の名義貸しで話題を投げたパ・リーグ高橋ユニオンズの新スポンサーについて、同球団では四日午後四時、新スポンサーはトンボ鉛筆製作所（東京都中央区、社長小川春之助氏）

で、**球団はトンボユニオンズと称する旨を発表した」**

事前に報道されていた食料品関連企業ではなかったものの、トンボ鉛筆から宣伝費という名目で年間３０００万円程度の資金援助を受けることが正式に決まった。それに伴い、「高橋ユニオンズ」という名称は消え、2年目の55年シーズンは「トンボユニオンズ」という新名称で再スタートを切ることが決まった。

このとき、裏で糸をひいていたのはやはり永田雅一で、ユニオンズ救済のパートナーとして彼が目をつけたのがトンボ鉛筆だった。永田はトンボ鉛筆創業者・小川春之助夫人の小川とわを口説きにかかった。

「東商会頭を務めた経験を持つ高橋龍太郎氏がオーナーを務めている高橋ユニオンズというチームがあります。あまり強いチームではなく観客動員も芳しいものではありません。けれども、高橋さんは何としてでもチームを続けたいと考えています。それは、この永田も同様です。そこで現在、タイトルマークのスポンサーを探しているところです。どうです、小川さん。あなたのところで引き受けてやってくれませんか？」

日頃から夫婦ともに永田と親交のあったとわは自宅に戻って、夫や子どもたちに相談をすると「いろいろ問題はあるけれど、他ならぬ永田さんの口利きだから、今シーズンだけのつもりでやってみようじゃないか」と話がまとまった。

新聞記者からの質問に対して、トンボ鉛筆の小川八郎専務は永田との一件には触れず、あくまでも「こちらから申し込んだ」と口にした。

「スポンサーの件については、約1週間前に当方から申し込みました。鉛筆の消費者と野球ファンの層は一致しているので、当社としては消費者へのサービスとして高橋球団の本年の赤字3000万円を一応の基準として宣伝費という形式で支出します。高橋球団とは契約という形をとらず、請求の都度支払うということになると思います」

トンボ側は一切、球団運営にはタッチしないという約束はとりつけたものの、独立採算制を理想に掲げて、自らの名前を冠した龍太郎の夢――高橋ユニオンズ――は、このとき完全に潰えた。

（オヤジ、寂しそうな横顔だな……）

息子・敏夫は、このときの父の姿を長く記憶にとどめることとなった――。

ユニオンズ解散へのカウントダウン

54年2月に2000万円の資本金でスタートしたユニオンズは、同年末には1500万円の増資を行い、55年には資本金3500万円となっていた。

そして、2年目のシーズンが終わった翌56年1月にはさらに追加増資を行い、合計で7000万円という巨額を誇るようになる。

当時の南海ホークスの資本金がわずか15万円だったから、その額は桁外れだった。ユニオンズ以外のセ、パ14球団は、いずれも親会社の宣伝媒体としての役割を担っていたため、球団経営が赤字であっても、本体である親会社からの支援が見込まれていた。しかし、ユニオンズだけは高橋龍太郎の気力と体力だけが頼みの綱だった。

収入が増えないから、資本金を増やす。もちろん、その原資はオーナー・高橋龍太郎の私財であり、小池厚之助、藤山愛一郎ら龍太郎と親交のある財界の大物たちによる支援だった。龍太郎の財産と人脈だけがチーム存続の命運を握っている。そんな状態が健全であるはずがなかった。経営母体としての盤石の態勢作りを、そして球団としての戦力拡充を――。

ユニオンズはグラウンド内外での緊急整備に迫られていた。ネーミング・ライツのスポンサーとなったトンボ鉛筆はわずか一年で撤退。チーム3年目は再び、「高橋ユニオンズ」と改称され、龍太郎の個人資産が切り崩されることになった。そして、チーム創設3年目となる56年はユニオンズにとって過去2年以上に激動のシーズンとなる。

この年の唯一の希望が慶応大学からユニオンズに入団した佐々木信也の奮闘だった。

後に『プロ野球ニュース』のメインキャスターとしてお茶の間の人気者となる佐々木のデビューはユニオンズだった。元々、早慶戦が大好きだった龍太郎にとって、東京六大学、慶応大学のスターの入団をことのほか喜んだ。

川崎球場からの帰りの車内で、龍太郎はいつも鉛筆とメモ用紙を持って必死に計算するのが日課となった。その日の佐々木の成績を踏まえて、打率の計算をする。

「よし、今日の2安打を加えると、・295まできたぞ。これで・300も現実のものとなってきたな……」

佐々木の活躍だけが龍太郎にとっての心のよりどころだった。

しかし、この年の見所はそれだけだった。ユニオンズ3年目のシーズンも前年に引き続き8位に終わる。観客動員はふるわず、パ・リーグの他球団からはお荷物扱いされていた。

*

57年1月14日。この年からパ・リーグ総裁に就任した近鉄・佐伯勇の就任あいさつを兼ねたパ・リーグのオーナー会議が行われた。

佐伯は近鉄グループの総帥で近鉄パールス設立にも大きく関わった経済界の実力者でもあり、奇しくも龍太郎の松山中学の後輩でもあった。この席上、前パ・リーグ総裁の永田雅一は得意のラッパを吹き鳴らした。

「パ・リーグの興行成績が年々下降線をたどっています。ぜひ、ここらでフランチャイズ制の再検討を早急に図りたく思います」と爆弾動議を提唱する。

23日には永田と佐伯との間で極秘会談が行われた。この席上でも、ユニオンズの存続問題が議題に上がった。すでに永田は前年暮れから、自ら率いる大映スターズを中心として毎日オリオンズ、ユニオンズの3球団合併を画策し、セ・リーグ同様に6球団制実現を考え始めていた。

53年暮れに、「セ・リーグに対抗するには6球団ではなく8球団だ」と、自ら提唱した8球団制ではあったが、チームが増えたことによる各球団の戦力低下、過密日程、観客動員の減少など、数々の問題点の解決に頭を痛め、その結果、「やはり6球団制がベストだ」という判断を下していた。

観客動員から見ても、8球団制は明らかに失敗だった。

ユニオンズがパ・リーグに加盟した54年からの3年間で、セ・リーグとパ・リーグの観客動員力には、さらに大きな差がつくようになっていた。

セ・リーグが年々観客動員を増やしているのに対して、パ・リーグは如実に動員数を減らしていた。平和台球場で行われる西鉄対南海戦が超満員を記録しても、川崎球場で行われるユニオンズ戦ではまったく観客が入らない。こうした現実を目の当たりにしては、8球団制推進派だった永田も6球団制を認めざるを得なくなった。

2月に入ると、ユニオンズ解散の動きはさらに加速する。

9日、東京観光会館では外遊中の大川博東映社長をのぞくオーナー会議が開かれ、「フランチャイズ制の再検討を基本に、球団の整理統合を断行、今シーズンから6球団制で再出発する」という合併話が秘密裏にほぼ合意を見た。この席上、龍太郎は居並ぶ他球団オーナーにはっきりと宣言した。

「自分は、弱いがために球団数を減らすというのなら反対だ。だが、6球団制がプロ野球発展のためになるというのなら、自分としても犠牲を払うのはやぶさかではない」

この発言によって、6球団制への道筋はできたと言ってもいい。

さらにこの日の夜、そして、15日には佐伯パ・リーグ総裁と鈴木龍二セ・リーグ会長が、今後に向けての打ち合わせを行った。

そして東映・大川オーナーが帰国した後の19日、東京・八重洲のホテル国際観光にてパ・リーグのオーナー会議が再び開かれた。この席には、パ・リーグ代表者会会長として、ユニオンズの高橋敏夫代表、その父であり、オーナーである龍太郎、そしてパ・リーグ総裁の近鉄・佐伯勇、大映・永田雅一ら、各球団のオーナーが勢揃いした。もちろん議題は6球団制への再編について。議論は5時間にも及んだ――。

――わずか3年前、53年の年末のことだった。

パ・リーグ総裁に就任した「永田ラッパ」こと、永田雅一は「人気のセ・リーグに対抗するには現行の7球団を6球団に削減するのではなく、8球団に増やしてセと差別化しよう」という説得を続け、ついに「日本のビール王」こと、政財界の大物である高橋龍太郎がチームを持つという断を下した。

龍太郎オーナーの決意と熱意で誕生した高橋ユニオンズ。しかし、みんなに懇願されてチームを作ったものの、「既存の7球団、すべてのチームがユニオンズに協力する」との約束は、早々に反故にされた。それればかりでなく、開幕前には「テールエンド必至のお荷物球団」、あるいは「他球団をお払い箱になったロートル集団」とユニオンズを白眼視する風潮が日に日に強くなっていった。

それでも、たとえ「最弱球団」と言われようとも、「寄せ集め集団」と揶揄されようとも、選手たちは日々の戦いに懸命に臨み、龍太郎はそれを支えた。それが、わずか3年の間に一転して、お荷物扱い、邪魔者扱いを受けた。龍太郎の無念は募った。

「みんな無駄だったね……。同情してくれるかい?」

このとき、永田の頭の中には三つの腹案があった。

第一案は、それまで報道されていたように、ユニオンズを解散して毎日と大映を合併する案。第二案は、関西の3球団（阪急、南海、近鉄）のうち2球団の合併。そして、ユニオンズの解散、もしくは大映との合併。第三案は、大映と毎日の合併。そして、ユニオンズと東映、もしくは近鉄との合併――。

どの案が採られたとしても、いずれにしてもユニオンズを存続させるつもりは永田には毛頭なかった。この考えを知った龍太郎は居並ぶ年少のオーナーたちに言った。

「できることならば、もう1年だけチームを存続させてほしい」

当時81歳になっていた最年長の龍太郎が真剣な表情で頭を下げる。すでに隠居しているとはいえ、経済界の重鎮である龍太郎が懇願している。気まずい空気が一帯を支配する。それでも、誰も何も龍太郎に助け船を出すことはなかった。口には出さなかったけれど、誰もがユニオンズのことを「お荷物球団」だと考えていた。

龍太郎の懇願も虚しく、「ユニオンズ解散」はすでに既定路線となっていたのだ――。

既存の8球団を6球団にするためには2球団の削減が必要となる。

前述の第一案が完全にご破算となり、在阪球団の猛反発もあって第二案も実現が困難となった。そこで、第三案を基本線としながら、大映、毎日の合併を推し進めようとしたものの、大映と毎日の調整がなかなかうまくいかなかった。当初、「合併もやむなし」と考えていた毎日サイドも、全国の新聞販売店が一斉に合併反対の態度を表明したことで、合併を躊躇する動きが強まっていく。また、ユニオンズの受け入れ先と目されていた近鉄や東映も「わざわざお荷物球団を引き受けたくはない」と受け入れに難色を示した。

誰もがユニオンズのことを厄介者扱いしていた。

ここまでひと言も発しなかった龍太郎が、このとき静かに口を開いた。

「まるで、私だけがさらしものになっているようで不愉快だ。私はこれ以上、自分の利益しか考えていないみなさんの話を聞くに堪えない。高橋球団の処置はみなさんに任せます。ただ、6球団制を実現するためには私心を捨てて話し合っていただきたい」

そう言い残すと、龍太郎はそのまま退席してしまった。53年末から3年余り奮闘を続けてきた高橋龍太郎、球団経営への情熱が完全に消え失せた瞬間だった――。

その後、さまざまな紆余曲折を経て57年シーズンはユニオンズが大映と合併し、7球団制で行われることとなった。このとき「合併」という言葉が使われたものの、実態は「解散」でしかなかった。オーナー会議の会場となったホテル国際観光の512号室。各球団のオーナーたちが退席した後も、憔悴しきった龍太郎はソファに腰掛けたまま動かない。

パイプの煙をくゆらせながら、詰めかけた報道陣に言うともなく呟いた。

「みんな無駄だったね……。同情してくれるかい?」

龍太郎の3年間の奮闘を知る記者たちは、何も口にすることができなかった。

選手たちに求めたのは「品位と品格」

解散決定によって、選手たちはばらばらのチームに振り分けられた。実力のない者はどこからも声がかからず、そのまま現役引退を余儀なくされた。

解散発表から数日後、東映への移籍が決まった6選手が東京・目黒の龍太郎の下を訪れ、最後のあいさつを交わした。この場で龍太郎は一人一人と固い握手を交わした。

「私は君たちのような選手を持ったことを本当にうれしく思っている。いつまでも忘れることはないだろう。今度のチームには私から直接、東映の大川社長に君たちの長所をすっかり話しておいた。君たちも今まで私に見せてくれたのと同様の、いやそれ以上のプレーを見せてほしい。私はたとえ球団が違っても、いつも君たちの元気な姿を楽しみに見守っている。また君たちのよき相談相手ともなりたいと思っている。ぜひ、これまでと同じようにお爺ちゃんの下にいつでも来てくれよ……」

龍太郎の頬に一筋の涙が光っていた。53年末からの3年余り、永田ラッパに踊らされる形で期せずして球団を経営することになった。「寄せ集め集団」と揶揄されながらも、私財を切り崩してチームの運営に努めてきた。世間からは「最弱球団」と馬鹿にされ続けた。

それでも、負けても、負けても、足しげく球場に通い続けた。選手がミスをしても、決して彼らを罵倒することはなかった。もちろん、負ければ悔しい。勝ってほしいといつも願っていた。たまにチームが勝つと、子どものように喜んだ。大急ぎでベンチまで降りていき、「よくやった、よくやった」と選手たちを心からねぎらった。シーズン中には何度も「激励会」と称して、都内のレストランを貸し切りにして食事会を開いた。

龍太郎にとっては、単なる勝ち負けよりも自チームの選手たちの奮闘ぶりが見られるだけで、十分満足だった。自分の孫のような世代の選手たちが、「高橋球団」の一員としてグラウンドを駆け回っている姿を見ているだけで、十分満足だった。

しかし、突然龍太郎の夢は潰えた。プロ野球史上、もっともチームを、もっとも自軍の選手を愛したオーナーの夢は、これで完全に潰えた。

57年3月28日——。高橋球団の解団式が行われた。それぞれ別々のチームに移籍した、かつてのユニオンズナインが一堂に会した。龍太郎は全選手を前に最後のあいさつをする。

「3年間手塩にかけた諸君と別れなければならないのは申し訳なく思っています。しかし私は、高橋球団を創設したことについては、今でも悔いはありません。わずか2、3人でも高橋から優秀な選手が生まれたからです。諸君はみんな素質のある選手だ。新しいチームで、ぜひとも大成してもらいたい……」

この席上、球団からは解団記念の大理石製の置時計が全選手に贈られた。一方、龍太郎には全選手が金を出し合って購入したイギリス製のパイプが贈られた。球団が消滅した後も、龍太郎はしばしばこのパイプを大事そうに磨いていたという――。

この3年間、龍太郎が若い選手たちに求めていたものは「勝利」ではなかった。勝負事には勝者がいれば、必ず敗者がいる。勝つこともあれば、負けることもある。不十分な戦力であることは承知していたから、ただ勝つことだけを選手には求めなかった。

しかし、選手に対して「品位と品格」は常に求め続けた。たとえ弱くても、品位だけは失わないでほしい。たとえ勝利しようとも、そこに品格がなければそれは意味のないことだ。

野球を通じて、品位と品格を備えた人間に育ってほしい。

それが、龍太郎の願いだった。

＊

高橋龍太郎がプロ野球チームの個人オーナーとして奮闘した時代から60年が過ぎた。

彼のことを記憶にとどめる人も少なくなった。しかし、60年のときを経て、龍太郎の後輩たちが甲子園大会に出場。全国にその名を知らしめることで、高橋龍太郎の名前も少しだけ時代の表舞台に散見されることとなった。

孫の、その孫の世代の後輩たちの活躍を見て、天国の龍太郎はどんな感慨を抱いたのだろう。品位と品格を兼ね備えた野球人として、龍太郎は後輩たちを評価したのだろうか？

ことのほか野球が大好きな人物だった。もしも、彼が生きていたならば甲子園球場のアルプス席で後輩たちの雄姿を温かいまなざしで見つめていたに違いない。

野球を通じて、品位と品格ある人間に育ってほしい――。

そんな思いを抱きながら、後輩たちに声援を送っていたに違いない。

日本球界の発展に貢献した男たち

～佐伯勇、押川方義の息子・春浪と清～

佐伯勇

プロ野球興隆のため、私財を投じて高橋ユニオンズを設立した高橋龍太郎。その高橋が、第2章の後半部分で1957年1月のパ・リーグ・オーナー会議で交錯した佐伯勇（当時パ・リーグ総裁）こそ、松山中学（現・松山東）の後輩だった。その後のリーグ運営方針を決める大切な会議の場に、2人の同窓生がいたのである。

佐伯勇（1903 年 3 月 25 日～ 1989 年 10 月 5 日）は近鉄（近畿日本鉄道）第7代目社長（のちに会長、名誉会長も歴任）。近鉄中興の祖と呼ばれた。専務取締役だった 1949 年、近鉄パールス(後の近鉄バファローズ）を設立し、パ・リーグに参加。初代オーナーとして 30 年以上チームを率い、多くの球界関係者から愛された。その功労から 1990 年に野球殿堂入りをした。

押川方義

高橋龍太郎や佐伯勇よりさらに先輩に、押川方義（1850 年 1 月 17 日～ 1928 年 1 月 10 日）という人物がいる。松山藩の藩校、明教館（現・松山東）に学んだ押川はキリスト教宗教家で、仙台神学校（現・東北学院）や宮城女学校（現・宮城学院）を創設した教育家でもあった。その押川の2人の息子が、日本球界の多大なる功労者であることをご存知だろうか。

長男・押川春浪（愛媛県松山市生まれ。1876 年 3 月 21 日～ 1914 年 11 月 16 日）は日本の冒険小説作家や SF 作家として著名な春浪。元来スポーツ好きで『冒険世界』でスポーツ振興を執筆、『運動世界』などのスポーツ誌にも寄稿するなど、現在で言うスポーツ記者の役割も担っていた。東京運動記者倶楽部にも加入し、橋戸信（都市対抗野球のＭＶＰである橋戸賞は彼の功績を讃えたもの）、飛田穂洲（学生野球の父で"一球入魂"という言葉の生みの親）らとスポーツ社交団体「天狗倶楽部」を結成し野球や相撲、テニスを楽しんだ。そして 1911 年、東京朝日新聞で野球に対するネガティブ・キャンペーン「野球害毒論」が起こると、読売新聞で反論を掲載し演説会を開くなど、ジャーナリストの立場から野球の存続に貢献した。

押川春浪

押川清

二男・押川 清（1881 年 1 月 1 日～ 1944 年 3 月 18 日）は早稲田大学野球部の三代目主将を務めた。のちに日本初のプロ野球チーム「日本運動協会」（芝浦協会）や、「名古屋軍」（現・中日ドラゴンズ）、「後楽園イーグルス」などを創設。"日本プロ野球生みの親"と呼ばれ、1959年第1回の野球殿堂入りをした。

（文・津川晋一）

写真提供・西条市佐伯記念館、東北学院史資料センター

第3章

松山東高野球部クロニクル

～栄光と苦難、そして復興の歴史を辿る～

1892年に設立された球技同好会。これが愛媛県内で最古の歴史を誇る、松山東高野球部の起源となった。以降、幾多の栄光と苦難を繰り返したことは、実はあまり知られていない。同校野球部OBで野球部史にも造詣が深い著者が、消滅の危機も乗り越えて創部124年目を迎えた同部の歴史を、自身の経験とともに振り返る。

文・篠原一郎

伝説の再試合で感じた憧憬

1969（昭和44）年の夏、松山商対三沢との決勝。今も日本の野球史最高という人も多い名勝負は、再試合を経て松山商が劇的な優勝を飾った。

当時小学4年生だった私は、引き分けに終わった最初の試合のとき、正座の状態でテレビ画面に向かい、松山商、絶体絶命の大ピンチのシーンを祈りながら見ていた。

松山商がおおげさでなく〝地獄からの生還〟を果たし、翌日に歓喜の栄冠をつかんだという事実が、少年時代の私にもたらしたインパクトは非常に大きく「大きくなったら松商で高校野球をやるんだ」と、私は小さな誓いを立てたのだった。（このときの私は、四度の優勝のうち一度が『松山東』という校名での優勝だということは知る由もなかった。）

そして中学で野球部に入った私は、松山商の練習はとんでもなく厳しいということを知ってしまった。松山市内の中学校野球部にも知れ渡るほど、松山商の猛練習は有名だったのである。

幸か不幸か、中学校で私の成績は上のほうであり、野球の腕前は強豪高校から誘いが来るほどではなかった。

「この野球の技量と学業の成績が逆ならよかったのに」と思ったことはその後の人生でも一

度や二度ではなかったのだが、ともかく私は松山商の歓喜の優勝から5年半を経て、少年時代の〝誓い〟を破り、松山東の野球部に入部した。

これ自体を後悔したことはなかったが「松山商で野球をやるんだ、と小さいころに言ってなかったのか」という、後ろめたさといってもよい自問の声が消えることはその後の40年もなかった。

松山商の野球。それはまず、毎日の練習時間が圧倒的に違っていた。

夏の日照時間が長い5月や6月は、我々松山東も8時近くまでは練習をしたのだが、校門を出ると松山商の練習の声はまだ聞こえてくる。「いつまでやるんだろう」と、耳を塞ぐように下校する毎日だった。

私の在学中に松山商が甲子園に出ることはなかったが、「この高校を倒して甲子園に出る」というのは、目標としては現実的とは言えなかった。

私が松山東に入学してから知ったことは、自分の学校が松山商と統合されていた歴史があることと、正岡子規が野球部創設に関与していたことのふたつである。

正岡子規に関する私の当時のイメージは青白い顔をして俳句や短歌を世に出した人という感じであり、正直なところ野球とは結びつかなかった。

子規が野球殿堂に入ったり、『坂の上の雲』のテレビドラマ化で彼の生涯が野球と関連して広く知られるのはその後20年以上も後の、21世紀に入ってからのことである。まして、私が野球部に入部して初めてベンチに入ったときに、部長から「正岡子規以来の伝統あるユニホームを渡すから」と言われて知った、当時はその程度の知識だった。

野球部設立からセンバツ初出場までの草創期

野球王国・愛媛の源流ともいうべき、県下で最初に誕生した松山中野球部。明治時代、県内では無敵であった。今年日本でも上映された台湾映画『KANO』(戦前日本統治下にあった台湾。その嘉義農林の野球部を率いて甲子園に出場した日本人監督の物語)の主人公・近藤兵太郎は松山商野球部の初代監督なのだが、彼が部員に掲げた目標は三つ。

「松山中学を倒し、四国の覇者となり、全国の覇者となる」

いずれの目標も同校は達成したのだが、それくらい松山中(現・松山東)は強かった。

夏の全国選手権、第1回。実はこの大会で愛媛と高知の学校は四国予選に出場していない。愛媛県勢は第2回に初参加、そのときに唯一県から出場したのが松山中であった。交通事情の悪い時代に、何人もの中学校の生徒を他県まで遠征させるのは大変だったことだろう。〝全国大会〟を標榜するために全県で予選開催という体裁を整えたい主催者と、各県の学校の間ではまだまだ溝があってもしかたがない。なにしろ大正4年のことだ。

その後、近藤監督の指導と猛練習の賜物で松山商は急速に力をつけた。今の甲子園につながる全国大会が始まるころには両校は互角、今治中（現・今治西）も四国大会に優勝する力をつけ、松山中にとって全国大会は遠く、甲子園にたどりつくのは創部42年目の１９３３（昭和８）年の春まで待たなくてはならなかった。今回のセンバツですっかり〝82年ぶり〟というフレーズが流布したが、その82年前のことである。

この年のセンバツには香川と愛媛で２校ずつ、合計４校も出場した（夏の大会は戦後の学制改革まで、四国４県合わせて一校しか代表の座が与えられず）。香川の宿敵同士である高松中と高松商、そして愛媛の松山商と松山中である。夏の大会から９年遅れて１９２４（大正13）年に始まったセンバツは、様々なことが夏の大会と違う路線を歩んできている。

春の大会は、当初より〝選抜〟という方式と大会名を貫いているため、夏のような「結果がすべて、一切文句なし」という選考には今に至るまでなっていない。「秋の地区大会はセンバツの予選ではない」というのが高野連の一貫した見解。それに泣く学校も笑う学校もあり続けてきた。82年前は第10回大会である。前年は20校が出場したが、記念大会ということで32校となっていた。ただし、松山中がそれに救われたわけではない。その前の四国大会で松山中は決勝で高松中に敗れてはいるが、県大会では松山商に勝っている。また、第１回から第９回まで、香川勢はすべての大会で出場しているし、愛媛勢も第６回を除き出場している。当時から四国勢のレベルの高さは主催者も認識していたと考えられる。ちなみに第１回から第14回まで、北海道と東北地方の学校は一校も出場していない。

記念大会で救われたのは、松山商のほうだったと私は考える。

松山中の初戦は2点差でリードされた終盤で追いつく粘りを見せたが延長十二回で惜敗、その相手である広島県呉市の大正中は翌春に呉港中と校名変更、その夏には全国制覇を果たしている。大正中学エース藤村が完投したのだが、この藤村こそ初代ミスタータイガースの藤村富美男である。

甲子園に春夏連続、そしてあと一歩…

1933（昭和8）年、松山中は前述した春の第10回記念大会に続いて、夏も県大会と四国大会を勝ち抜き、夏の全国大会に初出場、春夏連続で甲子園の土を踏んだ。今も昔も、高校野球ファンに言わせると春と夏の大会では重みが違う。それは当時も同じだった。部史を読むと、センバツの甲子園初出場とは比較にならないくらい夏の初出場は重いものだった。

春は負けても夏があるが、最上級生にとって夏の敗戦は野球生活が終わる瞬間である。異様な緊張のもとに夏の大会が行われるのは当時も同じだった。

夏の県大会では松山商を下し、四国大会の決勝戦では前年夏に苦杯をなめた相手で、その年のセンバツにも出た高松商である。

松山中は初回に大量7点を取ったものの追加点がないままじりじり追い上げられ、1点差で何とか逃げ切るというしびれる展開だった。

『松山中学・松山一高・松山東高　野球史』（2009年刊行）には四国予選優勝直後のナインの写真が誇らしく掲載されているが、このときの二本線のストッキングも白いアンダーシャツも、MATSUYAMAしか書かれていないユニホームも今と変わっていない。ただ、胸のマークは当時かなりアーチ形になっていて、その後緩いアーチ型、真横一文字と若干の変遷を経て、今回のセンバツ出場を機に若干のアーチ型に戻っているのは一部で報道されたとおりである。

この松山中の黄金時代といってもよいこの時期、2期にわたって地区大会も甲子園も公式戦はすべてエース麻生義一（1934年卒）が完投、竹内博（1934年卒）とバッテリーを組んでいる。野球部史上最高のバッテリーといってもよい。

この最上級生たちの手記が部史に載っている。夏の四国大会決勝戦の息詰まる様子や大観衆がスタンド（松山市の道後球場）を埋めたことも書かれている。「松中魂」とか「松中健児」という言葉も出ていて、松山中の勇壮な伝統もうかがい知ることができる。彼らは甲子園出場を果たし得なかったものの伝統を築いてくれた先輩たちへの敬意と、本気で全国制覇を狙ったのに準決勝で敗れた悔しさと、そして果たせなかった全国制覇を後輩に託す激励の言葉を綴っている。いずれも熱い思いがほとばしる文章である。

学制改革に翻弄された不遇の時代

その後は松山中で甲子園に出ることはなかったが、翌1934（昭和9）年と1946（昭和21）年と1949（昭和24）年（当時は学制改革後で松山一高）に夏の県大会で準優勝している。

今も多くの松山中卒業生が健在だが、この時代の人たちの文章を読んだり話を聞く機会があると〝愛媛県の最高学府〟に在籍したのだ、という強い矜持を感じることがある。

松山一高時代の戦績もなかなかのもので、1948（昭和23）年の第1回春季大会は県で準優勝、同年始まった第1回秋季大会では創部以来の宿敵・松山商を決勝で延長十六回の末に退け、初代優勝校となっている。翌49年の第2回春季県大会でも決勝で松山商と激突、延長十回サヨナラ勝ちで優勝。四国大会でも決勝で中西太を擁する高松一を倒して優勝し、学校史でただ一度の春季四国大会優勝を飾っている。この夏の県大会では決勝で松山商に惜敗、県から2校出られる北四国大会に出たものの高松一に敗れている。

この直後、愛媛県で大きな出来事が起きる。

未曽有の学校改編。高校野球界とは直接関係のない、教育界の事情によるものだった。松山商と松山一は統合し松山東高の商業科・普通科となった。それに伴い野球部も統合されたのである。

統合野球部に〝出向く〟ことを最終的に選んだのは最上級生の宇野秀幸、吉井（在学時・柏木姓）達夫、大川彰の3人（いずれも1951年卒）である。大川彰は松山商の練習に行く日のことを「他人の家に行くような気分だった」と述懐している。吉井達夫は「松山商の中村監督もまわりの選手もなんのわだかりもなく『一緒に頑張ろう』と歓迎してくれた」と語っている。

この3人以外にも練習だけ行ってみた選手も数人いたが、結局は数カ月で退部してしまい、その他の者は商業科のグラウンドに足を運ぶこともなく部を去ってしまった。つまり、普通科は3人のみ、残り60名以上はみな商業科の〝松山東高野球部〟が発足したわけである。49年の秋のことだった。

一方、松山一最後の夏の大会は前述したように県で準優勝という立派なもので、その後65年間できなかったことである。このチームには翌春プロに進んだ金井満盛（1950年卒）がいたが、彼が抜けても宇野と吉井が残っていたわけで、もし統合されていなかったら、そこそこの新チームができたはずである。

部史にはこの幻のチームがポジションごとに載っている。松山商に出向いてレギュラーの座をつかんだ吉井達夫が『幻の松山一高チーム』と題して仮想チームを部史上で編成している。統合がなければ、今度こそ最上級生としてレギュラーとなり、北四国大会を突破しようと意気込んで新チームで真夏の汗を流していたはず。何とも悲しい気にさせられる。

ＯＢ会は在学中に退部した部員はＯＢと認めていないが、戦時中を除きこの学年だけは統合による退部者もＯＢと認めている。そのとき退部した菊池知之は、今も関東でのＯＢ会には毎回出席している。

今まで憚られて当時の事情を聞くことができなかったが、今回、本稿を書く機会にこの学年の〝非合流組〟の心情は残しておくべきだと私は強く思った。ＯＢ会では、同期の合流組＝全国制覇組の吉井に気後れすることもなく楽しそうに過ごす菊池の心の中には、やはり熱いものがどろどろと渦巻いていたのである。以下、それを記す。

◇

合併のとき、吉井と宇野は下級生ながらレギュラーだったので何の迷いもなく参加したと思うが、大川や自分など他の選手はレギュラーではなかった。数日練習に参加してみて「ここには自分の居場所はない」と思った。誰にも相談せずに退部を決意した。口惜しくなかったかと言うとウソになるが、意外に心残りはなかった。ただそんな中でレギュラーの座を確保した大川の努力には賛辞を送りたい。

そして吉井、宇野、大川の成し遂げた甲子園での優勝には、本当に心から快哉を叫び祝福したものだ。しかし、あの統合は何だったのか？　何の目的での合併と再分離だったのかという疑問は今も消えない。この改革によっていかに多くの生徒が振り回されたことか！我々の年代のみならず、分離後の野球部再建でいかに多くの部員が苦労したことか！

高校野球では公式戦のグランドに立つことができなかったが、自分は野球をやったこと、特に松中、東高でやったことを誇りに思っている。やっていてよかったと感謝している。だが今でも時折、ああ！自分は一度も公式戦のグランドに立たなかったのだな！と寂しく思う一瞬がある。

◇

彼の述懐を聞き、後輩としては、一度でいいから吉井が編成した〝幻の松山一高チーム〟を結成して、親善野球を松山商ＯＢと対戦する企画を半世紀後にでも作ればよかったと、私はこの仕事をしていると思ってしまう。それをどちらかの学校のグラウンドで菊池にも試合に出てもらって、私が球審をつとめてもよかった。四番打者の宇野がもう3年前に亡くなり、吉井も病を得た今となってはもう実現できない企画となってしまった。

全国優勝した選手たちは、その後、自分の母校が分裂したあとも二度ほど集まって懇親を維持している。両校のほかの学年が入ることができない、特別な絆である。もちろん菊池はこの中には入ることができない。

とにかく49年9月に統合して県下無敵となった松山東はその秋には当然のように県大会で優勝、四国大会では準優勝、翌年の春季大会でも県で楽々優勝、四国では決勝で中西太がいまだに健在の高松一に惜敗し、準優勝となっている。

そしていよいよ、あの夏を迎えることになる。

唯一の全国制覇、しかし…

1950(昭和25)年、松山東は県大会で優勝し、北四国大会でも高松、高松商を連破。甲子園の決勝戦でも南四国代表・鳴門を破り、全国制覇を達成する。報道上では松山商、松山東、双方の優勝回数にカウントされる、特異な優勝である。

この大会の決勝では、山本忠彦が決勝戦で本塁打を放った。ただし山本は商業科の選手で、普通科の選手はこの大会で本塁打を打っていない。82年前の松山中ナインも春・夏の甲子園で本塁打を放つことができなかった。

2015年センバツ2回戦、対東海大四戦の初回に四番・米田圭佑が放った本塁打。それは、創部124年目にして、松山中、松山一、松山東を通じて甲子園で放った、事実上最初の本塁打となった。幾多のOBたちの思いを乗せたホームランに、私は胸が熱くなった。

なお、50年の夏に全国制覇を果たした松山東だが、実は甲子園で校歌が流れることはなかった。当時、センバツでは各試合の勝利校の校歌を演奏する習慣が既にあったが、それが夏の大会でも採用されたのは1957（昭和32）年（第39回大会）からのこと。この優勝の夏には校歌を演奏する規則すらなかったので、校歌が流れたのはアルプスの応援団からだった。しかも当時、松山東の校歌は制定されておらず（53年2月制定）、松山東が優勝したにもかかわらず、流れてきたのは伝統の松山商の校歌だったのである。

普通科の選手、風前の灯に

全国優勝校を除き、それ以外の高校の野球部にとって夏の大会の敗退はすなわち最上級生の引退、新チーム結成を意味する。私は〝最上級生〟という言葉が好きだ。学生野球でこの言葉が持つ意味は重い。他の分野ではなかなか聞かれない四文字熟語だと私は思っている。彼らがその責任と重みを感じながら、下級生たちを引っ張っていくのが学生野球というものだと思っている。

宇野と大川と吉井が野球部を去るのと入れ替わりで普通科から統合野球部に入ってきたのが一学年下の稲見達彦（1952年卒）である。消えそうになる旧・松山中の火をかろうじて灯し続けていられたのは、普通科の数学教師・柏木清次郎が稲見を熱心に誘ったからである。

翌51年は、県内に強敵が現れている。のちに慶応大、日本石油、巨人で選手としても監督としても活躍した藤田元司を擁する西条北高（現西条高）である。春も夏も県大会ではその西条北に敗れている。夏は準優勝ということになるのだが、そこでは、またしても中西のいる高松一に大敗を喫した。

一度は途絶えた歴史

全国制覇を成し遂げた翌年。51年の夏は北四国大会で敗退したのだが、クリーンアップをつとめた稲見達彦はこの敗戦をもって引退。これで普通科の部員は、ついに誰もいなくなったのである。

つまり、松山中、松山一と脈々と受け継がれた野球部史は、ここでいったん断絶することになった。

この年の秋に〝松山東〟は県大会で優勝して四国大会も出場したのだが、これは松山東という名前の学校の記録ではあるものの、全員が松山商の流れを継ぐ商業科の部員とあっては、本来は松山東の野球部史に載せるべき記録ではないのかもしれない。

そして、新たな野球以外の事件が起きた。再び普通科と商業科が分離。52年1月の出来事だった。

野球部再興に奔走した男たち

商業科の部員だけになっていた〝松山東〟野球部は、これをもって部まるごと松山商に返還された形になり、商業科の部員を持っていかれた新生・松山東に野球部はなくなってしまった。部員のいない松山東の野球部は、52年・春の大会に出場できず。1916(大正5)年から県内の公式戦すべてに出場してきたこの学校は(半年前に事実上既に途絶えていたが)、この春に記録も部員も消滅。名実ともに完全に途絶えてしまったのである。

その直後、商業科を切り離した高校に野球部の再興が始まった。

第二の〝創部〟である。

53年卒のOBの一人、主将だった薬師寺真臣と投手の山田勝彦に当時の話を聞いた。

薬師寺は父親が愛媛県に本社を置く農器具メーカーの幹部ということもあり、松山中・松山東の野球部復活に際し、グラウンドの整地をする耕具などを集める役割もした。選手たちは片っ端から野球経験のある生徒を勧誘する一方で、「創部しましたので寄付お願いします」

という言い方でお金を集めたという。野球は道具代もかさむスポーツなのだ。他の運動部員も借りるほど、まだまだ練習どころではなかった。

当時の野球部長・柏木清次郎も奔走して経験者をかき集めた。また、柏木は1946(昭和21)年にできた愛媛県高野連(当時は中学野球連盟)の初代理事長を務めた人物。その経験から様々な便宜を図ったのだろう。「よくニューボールを柏木先生が持ってきてくれた」と、薬師寺は振り返る。物資も豊かではなかった当時だ。薬師寺や山田もよくボールを自宅に持って帰ってはタコ糸で縫った。

そして、プロ野球選手になった山内良雄(1943年卒)や当時法政大野球部の2年生だった宇野秀幸(全国優勝時の四番打者)が、帰省した際には熱心に後輩の指導に当たったり、試合でベンチに入ったりもしたという。3年先輩の岡本(旧姓・堀内)逸人も、監督のような役割で熱心に指導してくれた。

多くの関係者と、残った部員のこうした苦労が実り、夏の大会には復活第一戦に勝利を収めている。今治工高に9対8で辛勝したのである。53年卒の薬師寺や山田ら、わずか数カ月しか野球部員でいられなかった学年にとって、生涯忘れられない価値ある勝利だった。松山東の野球部史においても、再スタートという意味で特筆すべき一勝となった。

松山東と松山商、統合2年間の複雑な思い

一方、この2年半に及ぶ統合時代は、松山商にとっても〝天下の松商〟の名前が消えた、決して愉快ではない時代だったはずだ。統合の時点で、すでに松山商は春夏を通じて優勝が3回、準優勝が2回という全国でもトップクラスの強豪校で、プロ野球にも景浦将、千葉茂、藤本定義らの超有名選手を輩出している名門中の名門である。学校名は松山東だが部員の大半あるいは全員が商業科というこの時代は、松山商の輝かしい記録にもアスタリスクがつくものだし、当時の在籍部員も「自分は天下の松商の野球部員だ」と言えない時代だった。野球部OBから見れば「松商の野球部OB」でいたかったはずである。

その証拠というわけではないが、この統合時代に全国制覇をしたチームの中に商業科の土居国彦（遊撃手）という、卒業後に明治大学でも活躍した選手がいる。明治大の野球部史はこれまで3回刊行され、そのたびに巻末に歴代OB名簿が載っているのだが、その土居の卒業高校は、第1巻と3度目に刊行された「100年史」は『松山商』で、第2巻『松山東』となっている。彼の在学中に使われた選手名鑑では2年時と4年時は『松山東』出身として、3年時のみ『松山商』と登録されている。通常は卒業した後に校名が変わったり統廃合したりしても、卒業時の校名は出身校として一生残るものである。名鑑や部史の巻末名簿を誰が

何度も書き換えさせたのかは不明だが、〝松商ファン〟だった私には『松山商ＯＢ』でありたいと願った土居の気持ちがわかる。

統合されていたこの2年間の記録は、松山東の野球部史にも松山商の野球部史にも共通して掲載されている。しかしながら、普通科だった大川、吉井、宇野、稲見の４人は松山商ＯＢ名簿には載っていないし、土居ら商業科の部員の名前は松山東野球部のＯＢ会・明教倶楽部にはない。

松山東と松山商の再分離を祝うかのように、53年・夏に松山商は正真正銘の同校の名前で〝三度目〟の全国制覇を果たしている。それをまるで予見したかのように、前述した明治大学の土居の選手名鑑は、３年になったこの年だけ『松山東出身』から『松山商出身』に変わっている。「これがホンモノの松商だ。私はこの学校を出たのであって、断じて松山東を出たのではない」と、甲子園で優勝を喜ぶ3年下の後輩たちに向かって心の中で叫んでいたのではないか。私には土居の声が聞こえてくる。

夏の大会で顕著な成績を残した年度

新生・松山東も野球部が復活して3年後の55年には、チャンスが巡って来ている。超高校級と言われたエース村上任人（1956年卒）の力投で夏の県大会準決勝（北四国大会への代表決定戦）に進出したのである。残念ながらその試合では宇和島東に惜敗。だが、この年の北四国代表・坂出商が夏の準優勝を果たしたことから、非常にレベルが高かったことが伺える。

1950年代は、高校野球界において四国勢が強かった頃だ。夏の甲子園で優勝3回（松山東、松山商、西条）、準優勝4回（鳴門、土佐、坂出商、徳島商）センバツでは優勝1回（鳴門）、準優勝3回（鳴門、高知商が二度）と他を圧倒していた時代。最近こそ低迷しているが、四国勢が隆盛を極めていた。

次に松山東が、夏の北四国大会代表決定戦（県大会ベスト4）まで進出したのは1970（昭和45）年のことである。準々決勝での試合は劇的なものだった。新居浜商戦、八回表を終わって7対1でリードされていたのを八回裏に3点、最終回に4点を奪って、松山東が逆転サヨナラ勝ち。敗れた新居浜商・鴨田監督（故人）は同校を率いて全国大会準優勝（1975年・夏）を果たし、法政大学の監督も務めた名将であるが、後々までこの時の苦い経験が教訓となったそうだ。「野球は最後まで気を抜いてはいけない。諦めてもいけない」ということである。

夏はこの44年の間にベスト8が3回（1974年、1979年、1995年、その他に1956年もベスト8進出）あったものの、それより上にはなかなか進出できなかった。

そして大きな転機が訪れたのは、２０１４年の夏の県大会だった。決勝戦で小松に敗れたものの準優勝。準々決勝進出が１９９５年以来19年ぶり、準決勝進出が44年ぶり、そして決勝進出が63年ぶりという文字通りの快挙であった。

試合の詳細については別章に譲るが、自分が松山東ＯＢであることを痛感したのはこの小松との決勝戦、勝てば甲子園という試合の時だった。64年ぶりの甲子園にあと一歩のところまで行って、「いい夢を見させてもらった。ありがとう。よくやった。それにしても残念だった」という気持ちで敗戦の夜を過ごした。

愛媛のローカルニュース映像を見ることもできない東京でも、翌朝の地元新聞はメール等で送ってもらえれば読むことはできる。野球部ＯＢ会長からその様子が届いたのは平日の昼過ぎだったが、そこには選手がしゃがみ込んで泣き崩れる姿があった。それを会社の自席にあるパソコンで見た瞬間、私は不意に涙を流してしまった。周囲に悟られないようにするのに精一杯だった。

画面に映る、ユニホームを汚して立てないままの選手たち。そのとき、私の脳裏に〝分身〟という言葉が浮かんだ。そう、選手たちは自分の後輩というものを超えて、息子のような存在でもなく、つまり遠い昔の自分自身のようなものなのだ、と私は痛切に感じたのである。

春の大会で顕著な成績を残した年度

2014年の夏は勝ちあがるたびに、何十年ぶりという言葉が見出しに躍ったけれども、春と秋の大会は松山東と松山商の再分離から今までの間、もう少し顕著な成績を挙げてきた。準優勝以上の事例を挙げておこう。

1948（昭和23）年春の第1回以来、26年ぶりの県大会準優勝を果たしたのは、その夏にベスト8まで進んだ1974（昭和49）年のこと。慶應大学でエースにもなった鈴木宏通（1975年卒）が引っ張った。鈴木は、西本聖（松山商―巨人ほか）や大川浩（新田―大洋ほか）と並び称された好投手で、愛媛の三羽ガラスとも言われた。その鈴木の牽引で春に準優勝した松山東は、夏の大会を当時史上最高の第4シードで迎えた。

1978（昭和53）年の春にも、鈴木と同じく慶應大学に進むことになる瀧口斉（1979年卒）がエースの年に県大会準優勝を果たしている。この78年の春の大会期間中に長年部長を務めた片岡至は北条高に転勤、同じく長年監督を務めた稲見達彦がこの年の夏をもって辞任。松山東の野球部にとって、ひとつの時代が終わりを告げた年だった。

春の県大会優勝を果たしたのは2004（平成16）年のことである。直後の四国大会出場順位決定戦では、センバツで全国制覇したばかりの済美に敗れている。松山東を完封した済美のエース福井優也と本塁打を放った四番打者鵜久森淳志は、2015年現在プロ野球の現役でいる。

秋の大会で顕著な成績を残した年度

秋についていては前述したとおり栄えある第1回優勝校なのだが、商業科のみの選手編成で松山東という名で優勝した51年の秋以来、一度も優勝は果たしていない。2014年の準優勝以外では代表決定戦（県大会準決勝）に三度進出している。1974年と1975年と1999年である。特に1975（昭和50）年の新居浜商は夏の甲子園で準優勝した直後の新チームだったが、続木（のちに阪神）と大麻（のちに法大）という主力選手がそのまま残った強豪であった。実はその新居浜商との試合で、当時1年生だった私は公式戦で初安打となる適時三塁打を放ち、松山東が先制した。結果的には逆転負けを喫したものの、私にとって初めて新聞に名前が載った忘れられない試合となった。

そして、記憶にも新しい2014年の秋。

夏の県大会で準優勝という快進撃から間もなく、私は特別な思いで秋の四国大会を高松に行き観戦した。

夏の大会の後輩たちを見て〝分身〟のように感じた私は、この試合もまるで自分が出ているような気分で彼らの一挙手一投足を凝視した。久しぶりに目の前でみる母校のユニホームは眩いほどに白かった。ウォームアップ開始から打撃練習、シートノック、プレーボール、ゲームセットに至るまでまで、選手と一緒に戦っているような気分での観戦となった。

その1回戦の相手は近年、甲子園の常連校となっている鳴門。そして、何と言っても1950年夏に全国大会決勝で、松山東（当時松山商と統合）が優勝した対戦相手である。それ以来、54年間公式戦での対戦はなく、鳴門から見たら半世紀を超えて仇討ちの機会が訪れたのである。

試合は松山東にとって完敗の内容だった。2015年1月23日のセンバツ選考発表まで、松山東が選ばれる可能性は五分五分という観測を私は崩すことはなかった。

野球部の恩人・柏木清次郎先生

2015年センバツのアルプススタンドで、遺影を首にかけて観戦する年配のOBが何人かいた。それは正岡子規か、柏木清次郎か、稲見達彦の3人のいずれかだったと思われる。

柏木清次郎は大分県出身で松山中学の卒業生ではないのだが、1926年から1939年までと1946年から1959年まで、合計26年に渡って松山中学・松山一高・松山東高で数学を教えた教師であり、野球担当教諭、野球部長など校内の役職のみならず、愛媛県高野連の理事長も歴任した。松山東の野球部史には欠かすことのできない人物である。特に学制改革と松山商との統合・分離で翻弄された野球部にあって、柏木が果たした貢献は大きい。統合時に全国優勝したチームにいた普通科の3人、吉井達夫と宇野秀幸と大川彰は、大分県にある柏木の墓参りもしたほどだった。

吉井達夫は、柏木に対して別の恩義もあった。1950年に学区制が敷かれることとなり、吉井の住所では松山東には在籍できなくなった。愛媛県はこういう改編をしばしばやっているのだが、そこで救いの手をさしのべたのは柏木だった。「高校卒業まで柏木家の養子となり、松山東で野球を続けることにしたらどうか」と声をかけ、養子縁組の手続きをした。吉井の1950年の出場記録が、すべて柏木姓になっているのはそんな理由があった。

野球部に人生を捧げた男・稲見達彦

柏木と同様に、年配のOBのなかで語り継がれているのが稲見達彦だ。

稲見は、全国優勝したチームにいた普通科の3人（吉井、宇野、大川）が引退した後、その後を継いだ唯一の選手だった。何十人もいる商業科の部員の中でひとり普通科の部員として練習や試合に参加するのは心細くもあり、高校生として学業のほうにも不都合もあっただろう。稲見には野球部で普通科の仲間がいなかったのである。そんな中で全国優勝直後の新チームで1年間クリーンアップの座を維持し、最後の夏も県代表、北四国大会まで駒を進めたのは本当に頭が下がる。

卒業後の稲見は伊予鉄勤務を経て、当時松山市に本拠地があった社会人野球・東レで活躍した。そして引退後、東レの工場で働いていたところ、ここでも柏木清次郎が稲見の上司に掛け合い、稲見は母校・松山東の監督を務めることになった。１９６５（昭和40）年から14シーズン、歴代最長で采配を振るった監督となった。私もその教え子のひとりだった。

監督を退いた後も終生野球部のことを案じ、いつもグラウンドに足を運んだ。ＯＢたちの会合では、今でもそんな彼の話がよく出る。あるＯＢが稲見を評して「東高の野球部に人生を捧げたような人だった」と語ったことがある。彼はまさに、それほど母校の野球部を愛した人だった。

稲見は正岡子規の時代の研究にも精を出した。『のぼさんの野球』と称して、子規が野球に興じた頃のルールや用具やユニホームを可能な限り忠実に再現しようと努め、松山商と松山東のＯＢ戦という形で両校ＯＢが当時のスタイルで対戦した。２００２（平成14）年、プロ野球オールスター戦が坊っちゃんスタジアムで開催されたときのことだった。ちなみに、松山商ＯＢで球宴の松山開催に尽力した千葉茂も、このとき当時のユニホームで参戦。この模様はメディアでも大きく取り上げられた。思いを果たした千葉茂が鬼籍に入ったのはそのわずか2カ月後だった。

そして稲見も、２０１１年にこの世を去った。人生を捧げた松山東高野球部が、２０１５年に甲子園で戦う4年前のことだった。

稲見の形見となった、直筆の横断幕がある。

『松山中学・松山東高野球部ＯＢ会　明教倶楽部』

もしも稲見が生きていたなら、真緑に染まった超満員のアルプスでこの横断幕を掲げていたことだろう。そして後輩たちの躍動を、万感の思いで見つめていたに違いない。

気

昭和道場部

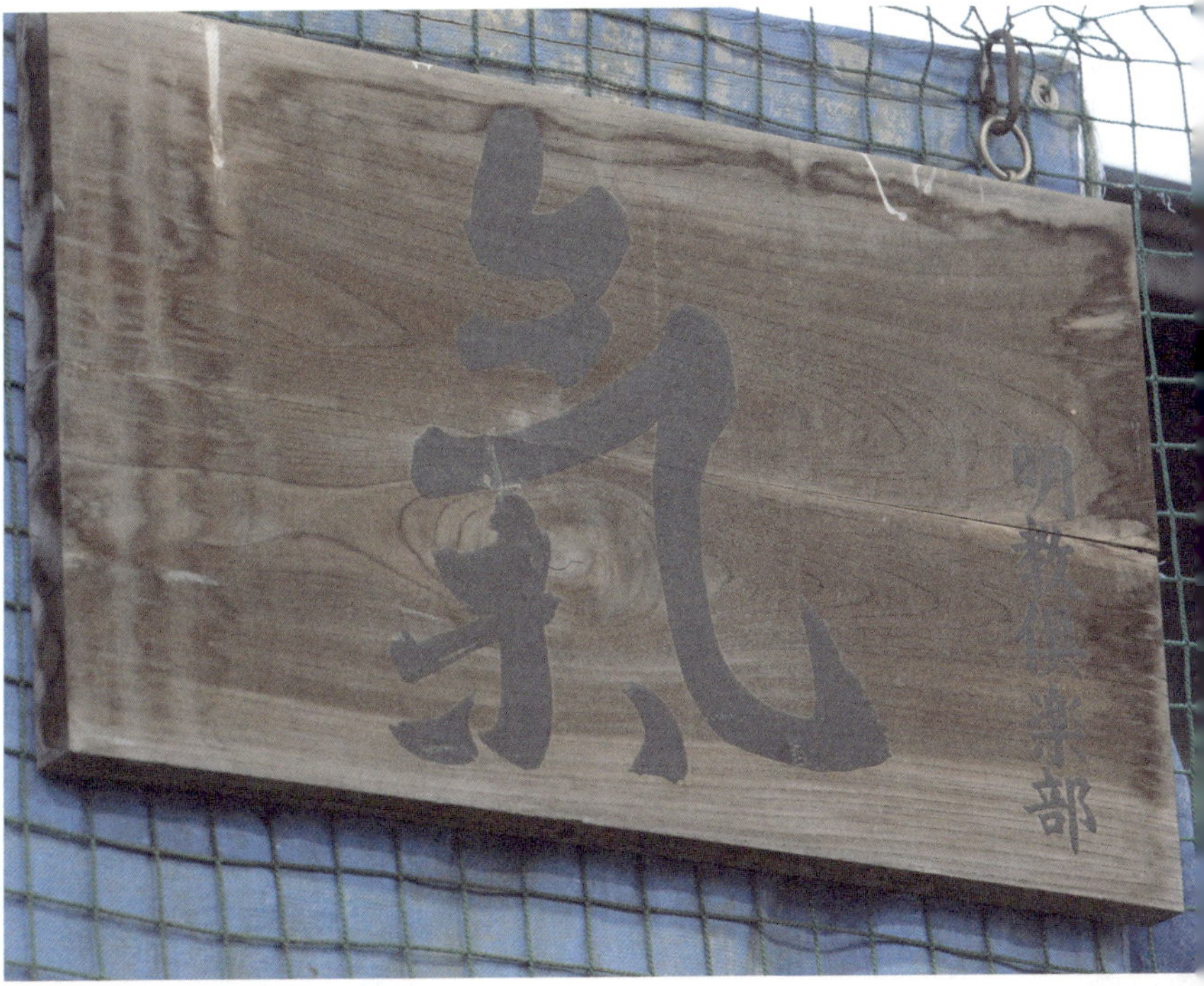

正岡 子規
松根 東洋城
真鍋 嘉一郎
MATSUYAMA

MATSUYAMA

甲子園で校歌を、
先輩の方々と一緒に
歌いたいんです。

第4章

狭くても、勝てます。

～東高ナインが実践するハンデ克服法～

『弱くても勝てます』という名のドラマがあった。
それに類して言うなれば、松山東高野球部が目指すのは「狭くても、勝てます」。
時間がない、場所がない、お金もない…
無い無い尽くしの公立校で、効率良くチームを強化していく。
そこには、堀内監督の大きな決断と、選手たちの挑戦と、
起用された一人のトレーナーの知られざるセオリーが隠されていた。
そして誰も明かすことのなかった、甲子園での感動の物語とは。

文・山岡淳一郎

2007年春、松山東高校に体育教諭として赴任した堀内準一は、グラウンドに立って思わず目を疑った。

「こんなに狭かったかなぁ」

運動場は、南北に長く、左翼が100メートルで右翼は70メートル足らず。広さは昔と変わっていないが、野球部はラクビー部やサッカー部、ハンドボール部とグラウンドを共用しており、使える範囲は内野程度に限られていた。部活動中の事故を防ごうと、より利用範囲が厳密になったようだ。そのうえ練習時間は午後7時までと決められている。学業を重んじる学校の方針は揺るがない。

堀内は教師生活15年目に母校の野球部監督に就任した。グラウンドが狭く見えたのは、それまで宇和島市の津島高校を振り出しに愛媛県南部の高校で野球を指導してきたからでもあった。南予では練習に野球場が使えて不自由を感じなかった。

久しぶりに母校に戻って、「ほんとうに狭いな」と内心、戸惑った。

高校野球は、客観的にみれば必ずしも平等ではない。野球を「授業の一環」とし、朝から晩まで白球を追わせてプロ野球予備軍を養成する学校もあれば、素人同然の選手が入部してゼロからチームを立ち上げる高校もある。

強豪校と一般校の力の差は歴然としている。合理的な欧米人なら、実力別に一部、二部、三部とリーグを編成して競争させるかもしれない。しかし、私たち日本人は全国の高校がいっせいに日本一の「頂点」を目ざす形を守り続けている。夢への物語を大切にしてきた証だろう。甲子園は、「格差」を含めて社会の縮図であり、人生を映し出す鏡なのだ。だから、一発逆転、弱者が強者を倒すドラマに観客は酔い、マスメディアも熱くなる。

松山東の物理的な練習環境はよくない。野球漬けの学校に比べればお世辞にも練習量が多いとはいえない。その制約を、いかにプラスに転じるか。グラウンドが狭くても勝つ。そのためには何をすればいいのか。堀内監督と野球部員のチャレンジが始まった。

母校の監督に就任して堀内が大切にしたこと

松山東では、グラウンドの狭さを補うためにかなり前から「逆フリーバッティング」を適宜採り入れていた。外野が使えないので本来のフリーバッティングやシートノックは難しい。そこで本塁から外野へ打つ通常のフリーバッティングとは逆に、マウンド付近に打席を設ける。そしてピッチングマシンから放たれるボールをバックネットに向かって打ち続けるというものだ。

堀内の前任監督は「攻撃」を重視し、逆フリー仕様のネットや設備をそろえ、2打席で打撃練習ができる形を定着させた。堀内は、さらに3打席で同時に逆フリーができるよう進化させる。バッターボックスからバックネットまでの空間が、そのままバッティングセンターになったような感じだ。

バックネットに向かって打つので打球を拾う時間が短縮できる。複数の打席が設置できるから、1人の打者が一般的なフリー打撃の倍、100球ぐらいは打ちこめる。逆フリーバッティングは打ち勝つ野球の路線上にある。

松山東、高知大学で捕手だった堀内は、攻撃一辺倒ではなく、「守備を重視して僅差で勝つ」ための独自色を注入する。「守備」の練習にも時間を割いた。堀内がふり返る。

「攻撃重視だと試合で大勝するときもあるけど、競ったゲームでは負けます。そこで逆フリーの間に空いているスペースでキャッチボールをしたり、とにかくグローブとボールを使った練習を増やしました。部員数も多かったので打撃練習といっても主力ばかり打たせるわけにもいかない。2時間の練習で平等にやろうとすると、打撃か守備かどちらかしかできない。平日の5日間のうち、2日ぐらいはバッティングをせず、短時間でも守備だけをやったり……。最初はちぐはぐで選手と考え方がぶつかることもありましたね」

野球は「波」が支配するスポーツだ。ひとつのゲームのなかにも大小、さまざまな波があるように毎年選手が入れ替わる高校野球部の戦績にも波が生じる。

攻撃野球に慣れていた選手たちは、きめ細かな守備の練習に面くらい、反発した。

夏の愛媛県大会では2年続けて初戦は突破したものの以後、初戦敗退が続く。堀内自身も、青春期の「おれが引っ張ってやる」と選手と一緒に汗を流す、スパルタ式の熱血指導からの脱皮を迫られていた。

潮目が変わろうとしていた。初戦敗退のどん底で、野球への取り組み方、意識から変えなければならないと確信した。

「冬場は髪の毛を伸ばして、春になったら散髪してみたいな雰囲気が僕は嫌いなので、そういう野球への向き合い方から立て直そうと思いました。毎年入ってくる選手の特性を見極めてチームカラーを考える。まずは長所を前面に出したチーム作りを模索するのですが、と同時にずっと大切にしてきた方針を徹底しました。それは補欠の子を大事にする、ということです。補欠の子を僕は絶対に見切りません」

素人目には、強いチームづくりと補欠選手を大切にすることは結びつかないように思われる。以前、横浜高校の渡辺元智監督から甲子園で春夏連覇をした松坂大輔世代のチームがレギュラーと控え選手の絆が強く、それが快進撃の原動力になったと聞いたことがある。ただ、私には松坂世代の美談はチームが勝ち進む過程で生まれた副次的なものと感じられた。強豪校では補欠の立場をその選手が受け入れられるかどうかが、まず問われる。監督の口から「補欠を絶対に見限らない」というような言葉はなかなか出てこない。

堀内野球の真髄は、補欠選手へのまなざしにある。

「3年生の最後の大会でベンチに入れない選手にもノックを打つし、選手の気もちを切らさないようにしていきます。教師になってから、ずっとやってきたことです。僕は、上手い野球部員がえらいとは思っていない。野球が下手だからダメだとも思いません。とにかくやる気があるやつには平等に接してやりたい」

堀内の監督としての原点は、25歳で最初に赴任した津島高校にある。最初は2、3年生合わせて8人のチームで、春の大会にも出場していなかった。上手くはないけれど、やる気のある部員を根気よく指導し、少しずついい選手が入ってきた。やっと芽吹いた生徒たちが3年になった夏の大会、1回戦で松山東と対戦して、7対0のコールドで勝った。

野球の技量にかかわらず、一人ひとりの選手を大事にした結果が、皮肉にも母校に対してのコールド勝ちだった。高校野球は技術だけではない、とひしひしと感じた。

その当時、南予では故上甲正則監督率いる宇和島東の全盛期で、ヤクルトからメジャーへ進む岩村明憲がいた。上甲は、試合中ベンチで笑顔を絶やさない裏で、妥協を許さず、選手を追い込んだ。ときには徹底的に選手に反発させる。野球部から「脱走」するのも織り込み済みで、そこから夏の大会に向けて士気を高めていった。選手を褒めたり、貶したりしながら上甲はチームを戦う集団へと変えていた。

監督として走り出したばかりの堀内には上甲は雲の上の存在だった。

南予を拠点に野球に関わりながら、堀内は、母校、松山東を見ていた。ここぞというときの「集中力」には目を見張った。決して弱くはない。毎年、上手い選手が集まるわけではないが、3年に1回ぐらいは愛媛県でベスト8に入れる力を備えている。波はあってもワンチャンスをものにすれば四国大会を狙える。そういう力を維持していくチームだと感じていた。

しかし、いざ、自分が松山東の監督に就任すると現実はそう甘くはなかった。技術論の前に野球への意識を改めなければ、先はひらけない。急がば回れだ。堀内は「判定にふてくされる野球はするな」「やる気のあるやつには平等に接する」と選手たちに説き、じっくりと反転攻勢をかける土壌づくりに勤しんだ。

草の根運動で東高シンパを増やせ

堀内のひたむきな指導に野球部OBが感応した。

中学校で体育教師をしているOBから「中学生向けに東高野球部からのメッセージを載せた印刷物を配ったらどうか」と提案が寄せられたのだ。OBとの窓口になったのは、堀内の5年後輩で野球部長をしていた高橋健太郎（現・大洲農業高校野球部監督）だった。

高橋の球歴も、いかにも松山東卒業生らしい。高橋は愛媛大学に進んで野球を続け、明治神宮野球大会に出場してホームランをかっ飛ばしている。国立大学の神宮大会出場は注目を浴び、愛媛大チームは「頭脳集団」とメディアを賑わせた。

高橋は、大学で教職課程を選択し、日本史と地理の教師として母校に勤務していた。野球部長で裏方に回った高橋は、『松山東高野球部通信』の編集、発行を手がけた。

「東高で野球したい、入りたいという中学生はけっこう多いんです。でも、学力の問題で諦める人も少なくありません。そこに野球部から中学生に向けてのメッセージが届けば、東高に入りたいと強く思ってもらえるかな、と。年に3、4回、大会に向けての抱負を、それぞれの選手に書いてもらって編集しました。たとえば『自分たちは泥臭く、粘り強い野球をするだけです』とか。選手紹介には必ず、出身中学名をつけます。あくまでも中学生向けなんですよ。まぁ、OBの方々にも読んでもらったら、喜ばれるかなと思いました。野球部通信を配って、中学の先生に東高の野球部を知ってもらえるようになって、声をかけやすくなりましたね」

こうした地道な活動が、中学生選手のなかに東高シンパを徐々に増やした。

そして、2012年春、松山東野球部の歴史を変えると呼び声の高い選手が入学してきた。南第二中学を卒業した村上貴哉（現・明治大学）である。村上はボーイズリーグで活躍したスター選手だった。いくつもの私立強豪高校から誘われたが、松山東への進学を選んだ。身長173センチと小柄ながら、抜群の身体能力で50メートルを5・9秒で駆け抜ける。カリスマ性を漂わせる選手だった。

野球部OBで愛媛新聞運動部の記者、宇和上翼は、同窓会誌『明教　第45号』に村上を初めて見たときの衝撃を次のように記している。

「ひときわ動きのいい内野手が目に付いた。動きが俊敏で強肩。その上送球も安定していた。高校時代、コーチとして指導していただいた堀内準一監督に思わず聞いた。『そのショートの3年生、誰です』『あ、あれは1年よ』という答えに仰天した。さらに話を聞くと、その内野手をはじめ、その年の新入生には中学時代、硬式野球や軟式野球で活躍した選手が多く入部したという。さらに入部した1年生部員は20人を超えていた。（中略）もともと、東高には秋から春にかけて実力を発揮するチームカラーもあった。『来年の秋になり、ある程度活躍すれば、21世紀枠で選抜大会に出場できるだけの潜在能力はある』と直感したのを覚えている」

宇和上の直感は当たっていた。

野球センスのある新入生が村上を筆頭にごっそり入ってきた。新入部員の数はなんと27人。皆、野球をしたくてうずうずしている。だが、ここで宿命的な壁にぶち当たる。グラウンドの狭さ、練習時間の短さである。堀内が述懐する。

「まじめな選手が増えていたところに村上たちが入って、いい意味の化学変化が起きました。野球をやりたい子たちでしたけど、この環境でしかやらせていなかった。彼らは『もっと野球をやりたい』と苛々しているようだったので、球場を借りる回数を増やそうと思いながら、それほど球場練習はできずにいたんです。そのへんで、彼らも利口だった。朝練習をきっちりやり始めたんですよね」

基本的に朝練は自由参加だ。午前7時過ぎから8時までグラウンド全体を使って練習ができる。

「村上たちが先頭に立って朝練をやるので他の選手たちもやらざるを得ないですよね。朝練なら外野手もノックを受けられます。それぞれの選手が自分のテーマを見つけて真剣に朝練に取り組む流れができました」

村上世代には「秋に四国大会に出場し、21世紀枠で春の選抜出場」という目標ができた。ただ、野手に比べて投手力が劣っていた。

そこに一学年下、中学野球で躍動した亀岡優樹が入ってくる。亀岡はコントロールがいいうえにクレバーで冷静だった。加えて心根がいい。周囲に気を配れて天狗にならず、試合中にエラーが出ても動揺しない。堀内は「あいつは天才」と言ってはばからない。

その亀岡とバッテリーを組む捕手、米田圭佑も村上世代を追って松山東に入学した。184センチと大柄でパンチ力があり、インサイドワークも優れている。機転がきいて行動力があり、天性のリーダーシップを備えている。静の亀岡と、動の米田。このふたりが戦力を底上げし、村上世代は「21世紀枠」を引き寄せるか、と思われた。

愛媛県では村上と同学年に済美高校の怪物、安楽智大投手（現東北楽天ゴールデンイーグルス）がいた。2013年の春、安楽は甲子園で全5試合に登板し、初戦の延長十三回完投を含む46回、722球を投げて済美を準優勝に導いた。2年生投手の甲子園最速、152キロを記録している。

愛媛県下の高校は、安楽攻略を合言葉に打撃力の向上を図った。松山東もマシンの設定球速を150キロ、ときには160キロちかくまであげて逆フリーを行う。

13年秋、村上を主将に新チームが発進した。秋の愛媛県大会に進む。21世紀枠をつかむには県でベスト8以上の結果が求められる。中予予選を勝ち上がったので、その時点でベスト16。あとひとつ勝てば8強に入れる。

満を持して臨んだ帝京第五との1回戦、松山東は終盤に逆転され、4対3ではね返された。腰痛を押して投げた亀岡は唇をかみしめる。村上は、春の選抜大会出場という目標を見失い、愕然とした。ふたりの副主将がカバーをしてチームをまとめたものの14年春は中予予選で新田高校に敗れ、県大会へ進めなかった。

実力は高いのに接戦で勝てない。そのことを最も意識していたのはエースの亀岡だった。学校で練習を終えた後、1時間ちかく自転車をこいで帰宅し、体づくりのためにトレーニング・ジムに通った。ピッチングの激しい負荷に耐え、より強く、効果的に投げられる肉体を手に入れようと黙々とトレーニングを積み重ねる。もうグラウンドの「狭さ」など言いわけにはできない。

村上世代が見せた快進撃

こうして迎えた14年夏、主将の村上は「集大成の夏。『勝利』という感動を求め、自分、そして仲間を信じ、ひたむきにプレーします。目指すは8強」と地元紙のインタビューに応え、松山東は真夏の戦いに突入する。眠っていた松山東の潜在能力が爆発した。1回戦で川之石高校、2回戦は松山西高校をともに7対0の七回コールドで下す。

あと1勝で目標のベスト8。3回戦で立ちふさがったのは第一シードの強豪、今治西だった。左腕の神野靖大投手を擁し、春の選抜にも出場していた。優勝候補の大本命である。

この試合で亀岡は圧巻の投球をし、松山東が1対0で勝った。チームは紙一重の試合を制し、戦いながら成長する。亀岡は「今治西戦で僕は本当の自信がつきました」とふり返る。

「ねばり強く投げる大切さを知りました。序盤、ちょっと変化球が抜けてボールが先行したんです。向こうはバントの構えで揺さぶってきて、五回までに100球ちかく（97球）投げました。カウント3ボールがかなりあった（13打席）。あそこで気持ちを切らさず、ねばり強く、緩急をつけて投げられました。向こうはなかなか振りにこないので、真ん中でストライクを取ったりして……。あれで自信がついたんです」

亀岡が開眼したこのゲーム、勝負の分け目は「カウント3ボール」での心理戦だった。松山東バッテリーは、13回のカウント3ボールで、四球3、三振3、飛球5とヒットを許していない。国政隆吾捕手のリードも冴えていた。根本には亀岡の抜群の制球力、150球投げて完投する力があるにしても、「考える野球」が開花した試合でもあった。

今治西の「待球作戦」が試合後半まで続いたのは、ひょっとすると東高バッテリーの「カウント3ボールの罠」に引っ掛かったからではないだろうか。

ベンチで采配を揮っていた堀内は、こう語る。

「あれはすごい試合でした。ベンチでは、ノーツー、ノースリーばかり続くので、キャッチャーは何を考えているんだ、という見方もありました。だけど国政は、その場で考えてやっていたのかもしれません。そのくらいしたたかです。フルカウントになって微妙なボールで打ち取るのですが、それでも今治西は打ってこない。またスリーボールになる。で、打ち取る。八回ぐらいから『イケ』と振ってきましたが、亀岡の集中力が上回りました」

「考える野球」は、練習環境のハンディを乗り越えるには必須の要素だ。

今治西戦では「考える野球」の隠れたファインプレーも演じられている。いくら投手が相手をゼロに抑えても得点を取らなければ勝てない。松山東の虎の子の1点は、村上のヒットと四球で2死1、2塁とし、四番杉村のライト前ヒットで村上が本塁へ突入。クロスプレーでもぎっとったものだ。

今治西の神野投手は、左のスリークォーターからクロスファイヤーとスライダーを使いわけ、打ち崩すのは至難の業といわれていた。試合前、3年生の補欠選手たちは夜ごと集まり、神野投手のビデオを食い入るように見た。今治西のバッターのスイングも分析する。「今治西を破ってベスト8」の願いだけが彼らの支えだ。

実際に試合で使えるデータはなかなか集まらなかったが、ひとつ確かな情報を得た。神野投手がスライダーを投げるときのわずかな癖だった。堀内は言う。

「今治西は春の選抜に出てテレビにも映っていたので研究材料はいっぱいありました。ベンチを外れた子たちが徹底的に分析しまして、僕はあまり好きじゃないんだけど（笑）。神野君の癖を見つけたんです。手の上がり方でスライダーを投げる感じが伝わってきて、それがバッターボックスのなかで、どこまで見えるか。そういう癖を見抜いて、精神的に楽になって『勝負できるな』と前向きに試合に臨めたともいえますね」

日頃、補欠の選手を大切にしてきた方針が、土壇場で生きたといえよう。彼らの奮闘がなければ虎の子の1点もどうなっていたか……。ベンチ入りがかなわずスタンドで観戦した10人の3年生。彼らの隠れたファインプレーだった。

今治西を下した松山東は、準々決勝で南宇和を10対2、八回コールドゲームで撃破。準決勝の東温戦は、2対2の九回裏、途中出場の米田が安打で出塁し、亀岡がライトオーバーの適時打を放ってサヨナラ勝ちを収めた。

ついに松山東は、64年ぶりに夏の愛媛県大会決勝に勝ち進んだ。甲子園が目の前に迫った。

もうひとつ勝てばマンモス球場の大観衆の前でプレーができる。

だが……。

あと一歩が遠かった。小松高校に10対1で負けた。腰痛を抱えてプレーし続けた村上は、試合が終わるとその場に崩れ落ちる。

生命を燃焼させた夏が終わり、経験という資産が次の世代に残された。

低評価からスタートした新チーム

村上世代がチームを去り、捕手の米田が主将に選ばれて新チームが発足した。亀岡─米田の大黒柱は残ったものの、周囲は「大幅な戦力ダウン。これで当分、甲子園はないな」と冷ややかだった。夏の甲子園出場を惜しくも逃し、宴のあとの寂しさも漂っていた。

先輩たちが抜けた穴の大きさは、後継者が一番よくわかっている。野球センスにあふれ、プレーに花があった先輩に一足飛びで追いつくのは難しい。

ただ、先輩たちになかったものが、自分たちにはある、と亀田や米田は自負していた。主将の米田は、新チームがスタートした直後のミーティングで部員にこう語りかけた。

「とにかく一致団結しよう。前の学年は27人もいて層も厚かったし、力もあったかもしれない。俺らの代は9人と少ないけど、その分、まとまりは上じゃ。団結力では負けんぞ。打撃も、前のチームは層が厚くて長打で点を取ったけど、俺らは打線のつながりで得点しよう。一人ひとりが、できることを、しっかりやっていこう」

14年秋、中予大会を勝ち上がった松山東は愛媛県大会に出場した。春の選抜大会出場はこの大会の成績にかかっている。県大会で優勝し、四国大会で好成績を残せば選抜大会出場は間違いない。「21世紀枠」を射止めるには県大会ベスト8以上が必須である。

松山北高との初戦、松山東は九回表で7対2とリードしていたのだが、その裏、反撃を許す。気がつけば7対6の一点差、薄氷の勝利だった。準々決勝では、二ヶ月前に甲子園出場をかけて戦った小松と対戦する。小松は甲子園経験者が何人も残り、下馬評は高い。堀内監督は、亀岡を温存し、二番手投手の羽藤大晟を先発させた。松山東は初回から効果的に得点を重ねた。羽藤は四回を2点に抑え、亀岡がリリーフする。伸びのある速球を低めに制球し、小松の追撃をかわす。4対3で夏の雪辱をはたした。

準決勝は、亀岡が爆発力のある新田打線を手玉にとり、3対2で松山東が勝った。3試合とも1点差ゲームだ。堀内の「守備を重視して僅差で勝つ」野球が形になってきた。

なぜ、個々の力が優れていた前チームができなかったことが、小粒になった新チームにできたのだろう。堀内が解説する。

「亀岡が経験を積み、レベルが上がって自信をつけました。米田も捕手で試合を任せられる。

しかし、他の選手は、ご覧のようにふつうの高校生です。彼らは、先輩と比べて自分らが下手だと知っています。自覚している。だからバントのサインを出しても、ちゃんとバントをするんです。1死3塁でスクイズのサインを出しても、何の疑念もなくスクイズをやるわけです。何試合か戦って、こうやって取れるときに点を取っていたら勝てるんだ、とわかって戦法が確立してきました。松山北戦は、終盤でランナーが溜まって亀岡もオロオロしてアウトがとれない。あれで亀岡が疲れているのがわかって、次戦で羽藤先発の決断ができたんです」

亀岡―米田世代の強さを「己の力を知っていること」と堀内は断言する。

「選手も監督も自分の力を知ったうえで相手を分析しています。だから強い。うちより力が上のチームはたくさんあります。だけど試合のなかで勝機をものにしたら勝てる。そういう考え方が浸透できたのは、亀岡の人間性が優れているからでしょう。驕らないし、謙虚で弱者の味方というか、配慮ができる。闘争心もある。珍しいですよ。野球の上手いやつはいっぱい見てきたけど、ああいう人間性を備えた選手は、そうそういませんね」

秋の県大会決勝、松山東は今治西に0対5で敗れて準優勝。四国大会に出場して徳島県の鳴門高校と対戦し、2対5で敗れた。「21世紀枠」は、ほぼ掌中に入れたと思われた。

松山東ナインは、四国大会で明徳義塾や英明高校の選手を目の当たりにして「体格とパワーの違い」を痛感した。春までにしっかりトレーニングを積んで体を鍛えようと意見がまとまる。しかし、専門のトレーナーがいなかった。堀内監督が選手個々の体のケアやトレーニング指導を行う余裕はなく、これまで自己流でやってきた。

体はスポーツの土台だ。優秀なトレーナーに指導してもらいたい。どうするか……。

トレーナー起用がもたらしたチーム革命

14年10月下旬、松山城の北、平和通に面した「ひまわり整骨院」を米田が訪ねてきた。院長の川中大輔は、高校野球の経験者で柔道整体師、SAQ（スピード、アジリティ、クイックネス）のインストラクター資格を持っており、ケガの治療とトレーニング指導の両方をこなす。東雲高校バレー部や伊予高校ホッケー部のトレーナーを務め、インターハイ、国体出場に貢献していた。

川中は、米田が小学6年のときに所属していたリトルリーグのチームを短期指導した。それが縁で中学時代には成長痛で悩む米田の体をケアし、トレーニングの個別指導もしていた。

米田は、川中と対面すると、こう切り出した。

「実は先輩が夏の大会でいい成績残して、僕らも秋の県大会で準優勝しました。春の甲子園に行けるかもしれません。それで、これから冬にかけてトレーニングをしたいんですけど、やり方がわからないんです」

「トレーナーはいないの？」

「はい。監督さんは僕らの自主性に任せてくれているのですが、正直言って、どんなトレーニングしたらいいのか……」

「だったら協力しようか」

「監督さんに頼んでみます」

翌日、米田はなんと堀内監督を連れて「ひまわり整骨院」にやってきた。わざわざ監督が足を運んでくれたことに川中は感謝した。野球選手のトレーニングの基本を問われ、「まずはケガをしない体」をつくる持論を説く。

「いくらウェイトトレーニングをして、パワーをつけてもケガをしやすい体にしたら元も子もありません。筋肉は大きくなると締って伸びにくくなる。そうすると最大限の力を発揮できなくなり、ケガもしやすくなります。冬場、一所懸命トレーニングをして体をつくっても、久しぶりにプレーをしたとたん脚が痛い、肩が痛い、と故障が増えます。私がトレーニングを指導させていただくなら、最初は選手個々の柔軟性をみます。体の柔らかさはケガを予防するには重要なポイントです。それぞれの運動適性を見極めて、トレーニングメニューを組み立てます」

さらに川中は、野球選手にとって最も重要な体の部位は腿《もも》裏（ハムストリングス）と腰、股関節だと説明した。投球、打撃、守備すべて股関節の動きから始まり、腿裏の筋肉の使い方次第でプレーの質が決まると詳細に解説する。

堀内は、川中の穏やかな語り口の奥の熱さを感じ取った。堀内自身、選手に良いトレーナーをつけたいと願っていた。14年夏の大会では勝ち進むにつれて選手は故障に泣かされ、最後は力尽きた。体力を維持することの重要さを、嫌というほど思い知らされた。

堀内は、川中に選手のトレーニング指導を頼もうと思った。しかし、公立の松山東には練習環境面だけでなく、もうひとつの大きな制約がある。部活動費の少なさだ。主な財源は保護者会が集める寄付金だった。これは部員1人に年間7万円が割り当てられている。寄付金は部員と保護者が周囲から募ってもいいし、自分で負担してもいい。仮に部員50人なら年間350万円が保護者会の財源となる。ここにOB会や学校側の生徒会から幾ばくかのお金が追加されて年間予算が組まれる。

トレーナーを雇うとなれば、当然、対価を払わねばならない。野球部と川中の契約は、しばらく「試用期間」を設け、互いに状況を把握したうえで結ぶことで落ち着いた。

川中のトレーナー就任が決定した。

初めて部員たちと顔を合わせた川中は、全員に向かって問いかけた。

「あなたたちのチームはどういうチームですか。チームの特長を教えてください」

すぐに内野手の松下洸葵が手を上げて言った。

「僕らのチームは、ひとつ上のチームと違って打力が弱いので、エースの亀岡が相手打線を抑えて最少失点で勝つチームです」

反応の早さと的確さに川中は目を丸くした。東高の生徒は、聞く能力、理解する能力を持っている。他の学校で同じ質問をしたときは、5分待っても反応がなく、仕方なく指名した主将から「気合いでがんばっていきます」と返ってきてウーンと頭を抱え込んだ。

言葉のキャッチボール、コミュニケーションの円滑さは、練習環境の悪さを補って余りある長所だった。打てば響くチームだ。川中は選手に語りかけた。

「スポーツは見た目の体格や虚勢でやるもんじゃない。ここ（と頭を指し）、脳でやるものです。脳に自分の体の使い方を覚え込ませましょう」

川中は、ウォーミングアップから一通り、じっくり部員たちの動きを観察した。注目していた腿裏と股関節への意識は薄かった。

「アップのやり方から見直させてもらってもいいですか」と川中は堀内監督に聞いた。

「いいですよ。どんなに変えてもらってもかまいません」と答えが返ってきた。

各選手の体の柔軟性をチェックした川中は、「正しく走る」ことから、それこそ野球選手にとっての箸の上げ下ろしのような指導から始めた。

足を無駄なく上げて、バランスを保って走る。ひと口に「走る」といっても個人差がある。真っすぐ立って片脚を上げたところで、膝が内側に入っていたり、外に逃げていたり、ばらばらなのだ。それを正しく、まっすぐ上げることで股関節の合理的な動き、体の使い方を意識づける。

川中は週に1回、じっくり指導した。意識と動作の連関を強調する。東高生の吸収は早かった。身体能力が低くて、思うように体は動かなくても、意識することが大切なのだ。

たとえば重いメディシンボールを肩越しに後ろへ放り投げるトレーニングを行う。高校野球の指導者は、しばしば「バットをセンター方向に投げるように打て」と選手に教える。間違いではないが、ついつい体が突っ込み、変化球に対応できない選手も出てくる。川中は「バットをバックネットの方に投げるように打て」と言う。体の軸をしっかり保って、上に伸びるような動きに変わる。それをメディシンボールで体に記憶させるのだ。

メディシンボールの運動をたっぷり反復した後、ボールを置いてバットに持ち替える。「さぁ、そこで振ってみて。いままでの軌道とどう変わった？」と川中は問いかける。変化に気づく選手、何となく変化を感じる選手、まったくわからない選手いろいろだ。それでいい。変化に気づかないのは、もともと「バットをバックネットに投げる」感覚が身についているからかもしれない。あるいは鈍感か。いずれにしても個人差はあっていい。

川中は松山東ナインの特長をこう語る。

「僕が与えたヒントを選手それぞれが咀嚼してくれる。一回言えば、彼らは聞く能力がある から自分に落とし込める。週に一度、課題を与えれば、グラウンドが使えなくても、空いたスペースでしっかりトレーニングする。だから短期間で成果を積み上げられました」

センバツ決定、そして不慣れな宿舎生活での秘話

15年1月下旬、正式に松山東の21世紀枠での春の選抜大会への出場が決定した。82年ぶりの甲子園出場は脚光を浴びる。記者が選手の自宅まで押しかけ、質問を投げかける。もう甲子園の大渦は動きだしていた。

選手たちはトレーニングに励みつつ、体を大きくしたいと「2リットル弁当」と呼ぶドカ弁をかきこむ。その姿が雑誌のグラビアに掲載され、主将の米田はこうコメントした。

「正岡子規さんは野球に没頭していたころのことをこう記されています。『ベースボールにのみ耽りてバット一本球一個を生命の如く思ひ居りし時なり』。僕らもそういうふうに野球をしていきたい。OBや同窓生の方もたくさん甲子園に応援に来ていただけるようなので、恥じないようなプレーをして、一緒に校歌を歌いたいです」

完璧な模範回答だ。ちなみに子規は、この一節をプレーから遠ざかっていた1896(明治29)年正月に第一高等中学で野球に没頭していた8年前を思い出して書いている。まさに時空を超えた高校野球の渦にナインは巻き込まれていた。

平常心で戦え、というほうが無理である。甲子園出場に備えて練習試合を組むが、連戦連敗。結局、練習試合は0勝5敗の結果に終わった。

不安を抱えたまま、春の選抜大会の幕が開く。松山東の選手と監督、部長、コーチ、トレーナーは甲子園に乗り込んだ。

ふだん選手たちは全員自宅から通学している。野球部に寮はない。宿舎での集団生活に不慣れだった。寝坊して朝食に遅れる者、体調を崩す者が現われる。なんとか生活のリズムを取り戻させたいと考えた堀内は、亀岡が温泉好きだと聞き、選手だけでスーパー銭湯に行くことを許した。これがリラックス効果を生んだ。

米田はナインを落ち着かせようと気を配る。亀岡はマイペースで淡々と練習をこなす。しかし、チームはなかなか戦うモードに入らない。甲子園練習に臨むと強豪校の打撃練習を見て、「ああすげぇ、打球がめっちゃでかい。うまい」と口をあんぐり。何かを吸収しようという独特の姿勢が見られなかった。ふわふわした状態で、体は思うように動かず、守備練習ではボールをポロポロ落としてしまう。

これから試合をするのに大丈夫だろうか、と川中は気をもんだ。幸い試合は大会の5日目で時間的余裕がある。相手は東京の二松学舎大附属高校、好投手の大江竜聖を擁する名門だ。大方の予想は二松学舎大付有利だが、完封負けを喫するために甲子園にきたわけではない。「考える野球」と闘争心を取り戻せば戦える。川中は、思い切って堀内に提案した。

「ミーティングを徹底的にやりませんか。バッテリー、右打者、左打者、内野手、外野手、それぞれの部門ごとにミーティングをして、データ班の情報を入れて試合のシミュレーションをしたいんです。そのなかでメンタルの立て直しも……」

「いいですね。やりましょう」と堀内は提案を受け入れた。

「ミーティングの内容や選手の反応は、ぜんぶ監督にご報告して判断を仰ぎます」

「わかりました。川中さん、ミーティングを仕切ってください」

ここから「考える野球」の白熱教室が始まった。バッテリー部門のミーティングでは、亀岡優樹、羽藤大晟、大野佑基の3投手に自分の持ち球の球種と、ウイニングショット、三振を取りに行く勝負球をホワイトボードに書かせ、ピッチャーの本音を引き出した。

そこからキャッチャーが重要な情報を得られる。その投手の本音を知っておけば、ピンチのときも自信を持ってサインを出せる。まずは「己を知る」ことだ。

そのうえでデータ班が献身的に集めた二松学舎大付打線の情報を注入する。データ班の働きぶりは精緻で徹底していた。「頭の体力」がなければ不可能だっただろう。

打者ミーティングでは大江投手の攻略方法が話し合われた。球速、球種から投げ方、牽制球の癖と最新の映像で分析する。そこに捕手の配球の癖も織り込む。左打者には肩口から入ってくる大江の変化球は難物だった。対話をくり返すなかで「変化球は中（ホームベース上のゾーン）に入れるな。思いっきり引っ張ろう」と意思統一される。

それにしても、トレーナーが体づくりだけでなく、「技」や「心」の面まで指導するのは監督にとっては越権行為ではないのだろうか。堀内に率直にそう問いかけてみた。

「選手のためになればいいんです。最終的に僕がトップで調整すればいいこと。全然かまいません。僕は力量が足らんから、全部はできません。任せられる部分を任せたら、自分は違う部分でやれることが増える。知らないところで指導されたら困るけど、彼はちゃんと報告してくれます。選手も納得してやっていけたら、それでいいと思います」

堀内の懐の深さが川中の機知を生かした。試合開始の日時から逆算して周到な準備がなされる。大会本部から指定された練習グラウンドでも、試合開始前に入る甲子園室内練習場の広さに限定してウォーミングアップやキャッチボールを行った。環境に適応しようと試合前の室内練習場入りの時刻から取材応対、先攻後攻決定、先発投手確認、試合開始直前ミーティングの時機まで細かく想定する。

試合展開も、序盤でリード、逆に先制される、中盤まで同点、延長戦突入、終盤でリードを許す、とあらゆる場面を予想し、選手たちに「そのとき、どうする」と質問する。「高校野球は何が起きるかわかりません。最後の最後まで諦めず、戦う」と返ってくる。ようやく戦闘モードのスイッチが入った。

初戦当日、3月25日の朝。宿舎でストレッチをする選手一人ひとりに「はい。今日のテーマは？」と川中は問いかけた。「スライダーを、体を開かずに打つ」「甘い変化球はガツンと左中間にもっていく」と強気な言葉が口をついて出てくる。「おまえ、それ実践せえよ」と誰かが声をかけて、どっと笑いが起きる。士気は高まった。川中は、あえて最悪の負けている想定を口にして「とにかく勝とう」と心をひとつにした。

トレーナーが託した何より大切な想い

松山東ナインが甲子園に入った。大応援団のバスも続々と到着している。高校野球ではトレーナーはベンチには入れない。選手が室内練習場に入ったら、そこから先はアンタッチャブルだ。川中は夜どおし作った「紙芝居」を女子マネジャーに託した。

室内練習場で松山東ナインは前の試合が進むのを待ちながら、体を動かした。前のゲームが八回に入り、最後のミーティングが開かれる。女子マネジャーが「川中さんからのメッセージです」と告げて、Ａ４判の紙芝居を読み始めた。

夢にまで見た甲子園にとうとう立てたね、改めておめでとう、誰かのためではなく、大好きな野球を、自分のため、監督とそして……。と語られたところで紙がめくられ、ドーンと大判の写真が目に飛び込んできた。

ベンチに入れない補欠選手の顔が並んでいた。

ナインは、じっと写真に見入った……。

主将の米田は「まじ、ヤバイ。ほんとうに泣きそう」になった。

「こいつらのためにも、絶対に勝とう」と米田は力を込めて言った。

室内練習場から長い通路を抜け、選手は大歓声が沸き起こる甲子園のグラウンドに走り出た。プレイボールが告げられ、トップバッターの清水智輝が左打席に入る。

二松学舎大付の大江投手が、どうだとばかり球を投げ込む。清水はぐっと踏みとどまって球筋を見極めた。カウント3ボール、大江の鋭いスライダーが肩口から入ってきた。

清水は、体を開かずに引っ張り、カーンと強烈なファウルを放った。左打者に与えられたミッションを忠実にこなしていた。

外部に知られなかったエピソードをもうひとつあげておこう。じつは松山東ベンチの椅子の裏、テレビカメラでも見えないところに6枚の紙が貼ってあった。

それぞれの紙には「配球パターン」「呼吸法」「2打席目以降の打球の方向」「ピンチのときこそ自分に打球を呼べ」「相手投手の投球パターン」「大江のセットは盗める」と書かれていた。亀岡へのアドバイスや野手への気構えを川中が記し、マネジャーが貼っていたのである。亀岡は「試合に集中していたので紙のことは知りませんでした。たぶん控えの選手がその内容を見て声を出してくれていたと思います」と言う。

選手は、外からはうかがい知れない境地で、自分たちの野球にのめり込んでいた。あとは、その信じた道をひた走るだけだ……。

ある日、午前7時からの朝練習を私は見学した。長方形のグラウンドを広々と使い、Tシャツに短パン姿の外野手がノックされたボールを懸命に追っていた。逆フリーバッティングの打席が三つ設けられ、バックネットに向けて快音が響く。

投手陣は校舎の脇にマットを敷いてストレッチに余念がない。

練習を見守っていた堀内監督が、しみじみとつぶやいた。

「やはりモチベーションは大切ですね。うちより力のあるチームはたくさんあります。己を知り、敵を知って勝機をつかむ。伝統の集中力を磨いていきますよ」

そろそろ定期試験が迫っていた。野球部員の何人かは徹夜で勉強をして試験に臨むだろう。それもまた東高野球の一部なのだ。試験が終われば、大地に解き放たれた若駒のように彼らは躍動するに違いない。

松山から遠く離れて暮らし、母校のプレーに限りない郷愁を抱くOBの胸に、子規の「ベースボールの歌」が静かによみがえる。

今やかの三つのベースに人満ちてそぞろに胸のうちさわぐかな

13
M

第5章

弱者の兵法。

～2015年春・二松学舎戦ドキュメント～

2014年夏の県大会。夢舞台まであと一歩、及ばなかった松山東ナイン。
それから数々の偶然と必然を経て、
21世紀枠で翌年のセンバツに出場することが決定した。
82年ぶりという史上最長ブランクでの出場、
そして歓喜の初勝利に至るまで、
ベテラン記者が見つめた渾身のインサイドストーリー。

文・西下　純

その時、歴史の追い風が吹いた

驚きと、そして歓喜と。

第87回選抜高校野球大会1回戦、3月25日の5日目第3試合に登場した松山東は、たぶん9割を超える戦前予想を覆し、二松学舎大付を5対4の僅差で倒した。1933年、第10回大会以来、82年ぶりという史上最長ブランクでの出場、そしてセンバツ初勝利。

これをさかのぼること82年、松山東、当時松山中は1回戦で広島の大正中（その後呉港中～呉港高校へと名前を変える）と対戦し、延長十二回を戦ったが、3対4で力尽きた。大正中の主戦は後のミスタータイガースと言われる藤村富美男。その大正中は次戦、巨人の大エースとなる沢村栄治率いる京都商（現京都学園）に2対3と惜敗している。

こうした、歴史の深部に身を置いた松山東が、夏は松山商業との合同チームとして1950年に出場（優勝）、そこからの計算でも実に65年ぶりに甲子園の土を踏むということで、地元のみならず、大きな話題となった。

追い風も、あった。最大はその、高校野球の歴史だ。1915年、全国中等学校優勝野球大会が始まった。ちょうど、100周年となった2015年、最初の全国大会がこのセンバツとなる。松山東は2014年夏、そして秋と県大会準優勝というめざましい成績を残したが、秋の四国大会では初戦敗退を喫している。

この時点で、成績によるセンバツ出場の可能性は限りなく低くなった。しかし、21世紀枠、というカテゴリーにおいて、この「歴史」は大きな力となった。グラウンドに恵まれないなどの困難を克服、野球以外の面で他校の模範となる、などの選考条件に、松山東はことごとく合致していた。

一方で、野球王国と言われた愛媛県は、昨夏、60年にわたり守っていた選手権での勝率トップを、とうとう大阪に明け渡した。他地域の頑張りもあるため、愛媛の地盤沈下、と言い切るには短絡かもしれないが、夏の勝率を支えた名門・松山商は2001年夏を最後に甲子園から遠ざかっており、県内での苦戦が続いている。また、強豪の済美は不祥事件のため秋は出場していないといった事情も、松山東が県内で好成績を挙げるためには、プラスに作用したとも考えられる。

さまざまな条件下で、松山東は県2位（四国大会出場）の成績や、高校野球100年という特別な年であることなど、多方面から高い評価を受け、21世紀枠での出場を果たすに至った。選考委員を含む主催者は、こうして選ばれた高校の、はつらつたるプレーと、話題校の出場による大会の盛況にも大きな期待を寄せた。そして松山東は1回戦を突破、2回戦では東海第四に2対3と善戦を演じただけでなく、6000人を収容するアルプススタンドに入りきらない生徒や卒業生ら応援団が内外野にまで進出し、球場内に何度も響き渡った声援は、大会でも話題を振りまき、この面でも主催者の期待を上回るものとなった。

勝つために優先すべきこと、それは…

しかし生徒たちは、ただ追い風に身を任せて、甲子園出場が転がり込むのを待っていたわけではない。

2試合に及んだ、甲子園での「東高フィーバー」だが、その起点は、昨年夏の愛媛県大会にあった。

1回戦から川之石、松山西をいずれも7対0と七回コールドで下して波に乗ると、続く今治西戦では、甲子園経験もある好投手・神野靖大から三回に奪った虎の子の1点を、2年生エース（当時）の亀岡優樹が、150球完封で守り抜いて、3回戦を突破した。これを勝ちきったことで、周囲の目は変わった。準々決勝で南宇和に大勝、準決勝では東温との息詰まる接戦を、サヨナラでものにした。

もしかしたら、という周囲の盛り上がり。ただここに至って、主力の故障などもあり松山東にほとんど余力は残っていなかった。決勝では、小松の待球作戦で亀岡のスタミナはどんどん奪われていき、守備陣も6失策とエースを支えられず、1対10という大敗に終わった。

しかしこの「もしかしたら」を感じさせてもらった周囲は、甲子園への思いを当然、強くする。力及ばず、グラウンドに膝をつき、泣き崩れる松山東ナインをねぎらい、一方で、次の世代のリベンジに期待を寄せた。あと一歩、を見届け、そして秋の快進撃でついに、センバツ出場を果たしただけに、これまでのブランクと相まって、甲子園でフィーバーが巻き起こるのも、必定だった。

ここで「追い風に身を任せていただけではない」生徒たちに目を移す。夏の敗戦をしっかりかみ砕いて、消化して、血肉にできなければ、その上は、ない。新チームは、亀岡や新主将となった米田圭佑らが前年からの出場経験者として残ったが、全体としての個々の力はダウンした、と見られた。そして新チームのメンバーはそのことを受け入れた。

現代っ子らしい乾いた割り切りではない。勝つために優先すべきことを考え抜いてたどり着いた結論に、まさしく全員が一丸で取り組む。そこに勝機を見いだそうとしたのだ。

堀内準一監督のキャリアが、そうしたチーム作りをうまく後押ししたのでは、というエピソードがある。堀内監督は1985年に松山東高卒業後、高知大学でも野球部に所属した。当時、高知ではプロ野球の西武ライオンズ、阪急ブレーブス（現オリックス）などがキャンプを行っており、同大学の野球部員は、ボール拾い、グラウンド整備その他、アルバイトとしてプロのキャンプを手伝うのが恒例だった。

特に西武と言えばその後しばらくして、黄金時代を築き上げる時期にあたる。堀内監督に近い世代で言えば、1歳上が渡辺久信、1歳下に清原和博らがいた。秋山幸二、清原の〝AK砲〟を中心として打ちまくり、周辺を固める選手も非常にバランス良く配置されたチームだった。

各選手の能力が高かったのももちろんだが、何よりの強みは石毛宏典が野手をまとめ上げる役割を引き受けた、勝つための一丸のまとまりだった。その後、最強、と言われたころ、エース格だった工藤公康（現ソフトバンク監督）が、こんな話をしていた。

秋山幸二。足、肩、バネ、守備力に打撃とどれをとっても一級品。当時、メジャーで通用する選手として真っ先に名前が挙がるスーパーマンだった。「ピッチャー工藤。野手に秋山が8人いれば、勝てるか？」という問いに、工藤は「それだけでは勝てない」と即答した。秋山の高い能力は十分に知っている。しかし理論派の工藤は、野球での勝ち負けを左右する最も大きな要員は、そこにはないと断じた。使い古された言葉であっても、「まとまり」を超える強みはない、それがあってこそ、個が生きるということを黄金時代のライオンズの選手たちは誰もが理解し、グラウンドで実戦した。

その過程を、キャンプで目の当たりにしていた堀内監督。こうしたバックグラウンドをもって高校野球の指導にあたる場合、個々の能力が高くない時ほど、自己分析を踏まえた上で「まとまる」ということが何より有効に作用する考え方であることを知っており、選手の意識をそちらに導くという方針が、新チーム作りの一歩目として非常に的確だったと考えられる。

そうして背中を押された選手たちも、非常にすんなりと現状を受け入れて、新チーム作りに移行した。夏の県大会で決勝まで進んだということで、例年のように合宿を行い、じっくりとあれこれ練り込んでいく時間がなかったことも、良かったのかも知れない。「とにかくまとまってやるしかない」の思いでチームが進んでいく〝しかなかった〟。

ただし、これこそが実はこのチームの、一番の能力でもある。監督の言いつけをしっかり守ることができる、というのは珍しくない。しかしこの代に関しては、県内の複数の野球部を指導してきた堀内監督も「身の丈を分かっている。こんなチーム、持ったことがない」と話す。

高校生であれば、しかも少しでも自らのプレーに自信がある者なら必ずどこかで「我」が出てくる。何でもできる、自分は無敵だと思える年代で、それは高校生ならではの特権でもある。松山東はその特権と引き替えに、野球の総合力が劣っていても勝てるチーム作りに全員が目を向けた。この、〝指示待ち〟ではなく現状を素直に受け入れる能力が実際に、82年ぶりのセンバツ出場を呼び寄せ、大舞台でも相手を苦しめることになる。

「やれることをやるだけ」達観の末に見えた景色

秋。愛媛県の中予地区予選を勝ち抜いた松山東は、県大会1回戦で松山北、そして続く準々決勝で、夏に苦杯をなめた小松と戦う。松山北に辛勝したが夏の大会同様、2日続きの試合での、小松との対戦。しかしこの試合、堀内監督は「これまでの、僕の鬼門だったのが準々決勝なんですが、この時は違った感じで臨めました」という。夏は互いに決勝まで進み、小松は甲子園出場を果たした。互いにじっくりと新チームを鍛え上げる時間がなかったが「向こうは『夏に勝っている』という気持ちがあったかもしれません」という。そこに隙ができれば、チャンスはあると考えた。

逆に松山東は、その準備期間の短さが、気持ちの上でいい方に出た。「今までなら『絶対にやったろう』と入れ込んでいましたが、そこまで鼻息荒く試合に臨める状態になかった。やれることをやるだけ、といい集中につながったように思います」と堀内監督は振り返る。

堀内監督は先発に、羽藤大晟を指名。より〝見下させる〟展開から亀岡につなぐという作戦に持ち込んだ試合はリードを2度、追いつかれながらも粘り強く、しぶとく突き放し、4対3で難敵を見事に退けた。

翌週、準決勝でも新田に競り勝ち、決勝では今治西に敗れたものの、四国大会への出場権を手にする。松山東は初戦で敗退。通常のカテゴリーであれば四国大会と中国大会の1、2位チームと、準決勝で敗退した中四国合わせて4チームのうち1校の、計5校がセンバツに出場する。つまり8校が出場する四国大会での初戦敗退は、純粋な実力での出場を逃したことを意味する。が、同時にここで松山東を〝消して〟いいのか、という声が愛媛県内はもちろん、主催する高野連、毎日新聞社周辺でも、即座に出始めた。くしくも四国大会1回戦の相手は鳴門。1950年の夏、つまりこの秋から勘定して64年前の選手権決勝戦で、12対8で勝った相手でもあり、そんな話も上記の声の後押しとなった。

当然、雰囲気はチームや学校内部、OBなど周辺も感じ取っていた。21世紀枠での選出もあるのでは――。事実、四国大会準決勝で敗れた明徳義塾の馬淵史郎監督もその時点で「東高はもう間違いないやろう」と公言、むしろそのあおりで中四国の5校目が中国地方になることを心配していた。実際、松山東の出場とは無関係、とされるが5校目は明徳義塾ではなく山口の宇部鴻城が選ばれた。

チームは、選出されても困らないための準備に入る。と言っても、140キロを投げられる投手を3、4人そろえたり、甲子園を想定したグラウンドで実戦練習を数多くこなす中からレギュラーを選んでいったり、ということにはならない。練習時間は2時間。100メートル×60メートルのグラウンドはサッカー部、ラグビー部、ハンドボール部、陸上部との共用であることに変わりはない。ダイヤモンドより一回り大きい程度のスペースで、センバツで戦うために何をやるか、に集中した。

できないものは、できない。諦めの延長線でそう思えば、組織も個人もそこで停滞する。しかし松山東は、諦めではなく、達観だった。狭く感じるのも、全国への思いも各部共通。野球部だけ特別扱いされる理由はまったくない。互いがエールを送りながら、自身を磨いていくのはもう、気が遠くなるような以前から、このグラウンドでは当たり前のことだった。だからできることに集中する。バックネットに向かって3カ所でバッティング。その後方で守備練習。メニューを各自に任されれば、普通は打撃ケージに入りたがるものだがなぜか、このチームは守備（といってもスペースの問題でゴロ捕球～スローイングが精いっぱいだ）を好んでやる選手が多い。こうしてゆっくりゆっくり、甲子園へ向けて気持ちと技量を整えていった。並行して、各所から寄せられる情報に希望的観測も含め、21世紀枠での選出が日を追って現実味を帯びていった。

82年ぶりの夢舞台に向けて

年が明け、迎えた1月23日。

選考委員会は21世紀枠3校のうち、西の代表として松山東を選出、朗報にナインの喜びが爆発した。21世紀枠の場合、候補校のある地区の理事がプレゼンを行い、資料なども検討し、東日本、西日本をまず選び、この2つに漏れた有力校を絞り込んで3校目を選ぶ、という選考過程となっている。しかし特に今回の松山東に関しては、プレゼンや資料配付などは行われたものの満場一致、というよりも〝それ以前〟、つまり「議論する時間が不要」（関係者）

というほどの、文句なしの一番人気で、早々に出場が決定した。

甲子園の常だが、ここからはめまぐるしい。まず連日の取材攻勢が始まる。何しろ82年ぶりという史上最長ブランクであり、県内屈指の進学校といううたい文句もある。歴史をひもとけば各界の著名人が名を連ね、野球というスポーツそのものの発展の礎となった正岡子規もその1人、とくれば話題には事欠かない。新聞、雑誌にテレビその他、数多くの取材に対応しながら、勉強と練習の時間は確保しなければならない。

年度の変わり目という、行事の多い時期でもあるが、全校応援の実施に向け移動手段の確保、応援練習、壮行会準備もある。経験者がいないことから、県内の常連校のアドバイスも少なからず仰いだ。

野球部はここから1カ月余り、練習や校内行事をこなし、3月8日に対外試合が解禁、12日は出場校の主将の座談会（キャプテントーク）や監督、部長に対する大会要項などのレクチャー。13日に組み合わせ抽選会、16日に壮行会から大阪へ移動、17日が甲子園練習、20日に開会式リハーサル、21日に開会式、4日間、高野連から割り当てられた関西各地の練習場で最終調整を行い、25日の1回戦、対二松学舎大付に挑む、とバンバン入ってくるスケジュールを着実に遂行していかなくてはならない。

堀内監督は選考会で出場を伝えられた際「遠い存在だった甲子園に本当に行ける。そのうれしさと、責任を感じます」と話した。行って楽しんで終わり、では済まさない決意のようなものを、その言葉ににじませていた。選んでいただいた主催者への恩返し、OBら関係者にも喜んでもらいたい。となれば県内最古の歴史を有する〝東高野球〟を聖地で存分に披露するしかない。

さて、3月13日の組み合わせ抽選会で、松山東の相手は二松学舎大付と決まった。秋の東京都大会2位。とはいっても、同校はベスト8を決める試合で延長十五回、準決勝（対関東一）でも延長十一回と激戦が続いた。疲弊もある中で、決勝戦は東海大菅生に2対3と惜敗だから、実力的には東京ナンバーワンに等しい。

しかも同校の市原勝人監督と言えば1982年のセンバツ準優勝投手であり、2014年の夏も前のチームを甲子園に導いている、甲子園を知り尽くした指導者だ。前年夏は1年生バッテリーで話題となった左腕の大江竜聖―今村大輝も健在。特に大江は、3年生相手の大舞台も全く物おじすることのない、むしろだからこそ力を発揮するタイプとして抜てきされたエースでもあった。

でありながら抽選会を終えた堀内監督も、米田主将も穏やかだった。取り繕った穏やかさでもない。出場校中、チーム打率・269は出場した32校の中で31位。1試合平均失策（1・89）はワースト。つまり「うちが一番弱い」というコンセンサスが取れているのだ。確かに二松学舎大付は強い。が、どこと当たろうと、相対評価は変わることがないから、一喜一憂しようがないのだ。しかも、相対評価と勝てる、勝てないとは別物であることも、知っている。2014年夏には今治西、秋には小松を破ってきたのは他ならぬ、自分たちだ。

それよりも、松山東は対外試合が解禁されて以降、未勝利だった。多少なりともチームを整備する時間が欲しい。もっと言えば、昨年の8月、日程の都合上、合宿を行えなかった分、16日に関西に入ってからの、共同生活にも慣れる時間が欲しい。甲子園に出場するということがどういうものなのか、それを体感する時間も欲しい。5日目の第3試合という余裕のある日程を「しっかり調整する時間がある。勝機を見いだしたい」と、堀内監督は歓迎した。

ちなみに対外試合解禁日の3月8日、松山東は徳島・脇町と〝開幕戦〟を戦っている。脇町と言えば、ベースボールという楽しげな運動に、「野球」という名前を付けた中馬庚が校長を務めていた学校であり、偶然にも秋田から徳島へと赴任した1915年は、全国中等学校優勝野球大会、今の高校野球選手権が初開催された年でもある。

正岡子規の松山東、中馬庚の脇町、という、日本の野球のルーツをたどれば必ず名前が出てくる2人が、同じ四国の高校（中学）にいたということがきっかけで2004年、両校のOBたちが、当時のユニホーム、当時のルールで対抗戦を始めた。ここに、現役同士の試合も組み込まれるようになり、今回は、松山東がセンバツ出場を決める前から〝開幕戦〟をやろうということになっていたのだ。

21世紀枠での選出が決まった直後には、脇町サイドも全国レベルのチームと試合をするべきでは、と気にかけて「うちでいいんですか？」と問い合わせてきたという。しかし松山東が選出された大きな理由が、こうした伝統をしっかりと守り続けてきたことに対する評価でもあり、松山東側はまったくためらうことなく予定通り、対戦をお願いした。

結果は2対3で松山東のサヨナラ負け。ここからセンバツまでの練習試合で勝利には恵まれなかったが「試合ごとに課題が見つかって、どんどん内容がよくなっていきましたから、勝敗は僕も、選手も気にしてませんでした」と、戦えるチームとなるための、起点となったのが脇町戦だった。

なお脇町野球部は、内緒で二松学舎大付との1回戦、松山東の応援に訪れており、その歴史的初勝利を見届けている。

組み合わせ抽選会から3日後の3月16日、松山東ナインは地元での壮行会で健闘を誓い、夕刻、大阪に入った。この大会では、四国大会の成績を評価された今治西と合わせ、愛媛県から2校が出場した。各高校の宿舎は例年、何県はどこどこ、といった〝常宿〟が割り当てられるのだが、愛媛の常宿は今治西が使用。松山東は、もしかしたら明徳義塾が使うことになるかも知れなかった、高知県の常宿で大会期間を過ごすことになる。

その宿舎は、取材に訪れたメディアや、激励に来た関西在住のOBらの顔もあり、いやがおうにも甲子園のムードは高まっていった。この日のミーティングは、翌日の甲子園練習のメニューやスケジュール確認などが中心、移動疲れをとることに主眼が置かれた。

チームとしては常に1回戦をどう戦うか、という思いを持ってはいたもののこの段階ではまだ、具体的なイメージはできあがっていない。二松学舎大付はエース・大江に加え180センチの長身を生かし、140キロ以上の直球を誇る岸田康太投手もいる。しかしこの夜、堀内監督は「向こう（二松学舎大付）は大江君で来るでしょう。スピードもあるし、スライダーもキレる。強気ですしね」と予測は立てていたが「そういう投手をどう攻略するか。これからですね」と話すにとどまっている。この時期と前後してチーム、関係者一丸で、情報収集、分析に奔走することになるが、その前の大イベント、甲子園練習を翌日、迎えることになる。

甲子園練習で得たものとは

1933年の春夏、そして1950年夏に続き、4度目の甲子園。松山東は試合に先駆けて3月17日、各校に30分ずつ割り当てられる甲子園練習でついに、その土を踏んだ。午前9時に三塁側内野スタンドに整列して着席。前で行っている糸満、静岡といった学校の練習を軽く見学しつつ、アルプススタンド、そして憧れのグラウンド（三塁側ファウルゾーン）で写真撮影、直前の松商学園の練習中、三塁ベンチにバッグや用具を搬入し、選手たちはカメラマンの要求に応え、整列からグラウンドへ駆け出す姿を撮影され、そこから10時30分、サイレンと同時に、一斉にそれぞれの持ち場へ全力疾走で向かった。

グリーンの芝、濃い茶色の土に、真っ白な松山東のユニホームはとても映えた。

ノッカーは芝生に入ってノックはできない。補助員は芝に入ってもいいがスパイクではなく、爪のないアップシューズを履くこと、などの注意事項を確認しながら、この日のために練り込まれた練習メニューに早速、取りかかった。堀内監督は、〝癒し系〟の補助員に「お前、ずっと俺の近くにおってくれ」と指示。この場に立てた感激を選手以上にかみしめ、緊張もあったのだろう。しかし練習は、滞りなく進められていった。

内野手がボール回しを行っている間に、外野は通常のノックで甲子園のサイズを体感する。ポール際の打球を入念に確認する。常連校からのアドバイスが生きた。甲子園の両翼から左中間、右中間にかけては日本のどの球場よりも「えぐれ」ている。つまりポール際のフェンスに打球が当たると、跳ね返らずに、フェンスに沿って奥へ奥へと転がっていくケースが非常に多い。言葉で聞くより、そうした打球を1本でも実際に経験することが、何よりの準備になる。

そこからシートノック。ここでは甲子園特有の浜風で飛球の特徴をつかみ、バントなどで判断力を要求されるライン際のボールの転がりも確認した。走者をつけて、外野手の間に飛んだ打球の連係も入念だ。

さらにはバッティング練習、マウンドを使った投球練習。そして、パスボール、暴投、返球がそれた、などでバックネット付近へボールが行ってしまった際の、跳ね返りの確認、フェンスの高さがあまりないカメラマン席に送球や、ボールを持ったプレーヤーが入ってしまった場合のローカル・ルールのチェック…。全員が未知だった甲子園で与えられた30分、有益なアドバイスにチームの考えもミックスして、ここでできる準備はすべてすませた。

余談だがこの前日、32校のトップを切って甲子園練習を行ったのは3年連続39度目の出場であり前年度優勝校でもある龍谷大平安だ。ここの30分は、内野の、手で転がしたボールの動きの確認、ボール回しには走者を付けて挟殺プレーを兼ねる、内野ノックは一度、わざとボールをこぼしてから一塁へ送球、パスボールおよびバックネット付近の跳ね返り確認など、非常に実戦的であり、一方でこれだけ慣れた場所であっても前述以外にポールの位置と守備位置のマッチングなど、非常に丁寧に練習時間を使っていた。例の両翼のポールとフィールドの位置関係にしても、現役時代、名外野手だった原田英彦監督自らポールの位置と後方の看板とで自身の定位置を割り出す方法を改めて選手に伝授するという入念なものだった。それほど、甲子園という球場は造りも特別でありまた、戦況や選手の心理、スタンドの雰囲気によって、分かりきったことを見失ってしまう場所なのだ。

ましてや誰もが初めて甲子園に足を踏み入れた松山東は、逆にやれることを絞って慣れる方法しかない。堀内監督は「さすがだと思いました。後の試合を見ても、選手たちがあの30分で相当なところまでつかんでいましたね」と、適応力に感心したものだ。

実はこの日の甲子園練習、松山東の直後の時間を割り当てられたのが、二松学舎大付だった。当然、その練習はしっかりと見ていた。内野手はボールが手につかない場面も少なかった。一塁への送球も山なりに近い。外野からぐんぐん伸びてくる返球もない。バッティングではサク越えはしない、総じて打球も内野手のグラブをはじくような強烈なものは見られなかった。そうした松山東の、技量、フィジカルを二松学舎大付はしっかりと確認した。市原監督は「ポロポロほころびが出る可能性はあるな、とあの時、思いました」と振り返っている。当然同校ナインも『くみしやすし』と考えたはずで、少なからずナメてもらえたことは松山東にとって、結果的には〝いい種まき〟ができるという副産物を生むこととなった。

このあたりから本格化してきた1回戦対策、戦えるチームの最終整備はしかし、一気に集中的に進んだわけではない。基本、素直ではあるがのんびり屋の集団だ。加えて、大学や社会人などでばりばり野球に打ち込むOBも数少ない。

例えば、大江対策。練習試合では何度か左投手と対戦したが、この翌日、兵庫・川西緑台との練習試合が最後の実戦となり以後、左投手対策に苦慮することになる。というのも松山東の部員はレギュラー、ベンチ外含めて全員が右投げだったのだ。多少なりとも左投手を見ることができたのは試合前日の24日の練習。松山東から京大野球部へ進んだOBが母校に頼み込むなどして、ようやく都合がついた、という形だった。

また、不慣れな共同生活だ。起床やミーティングなど、試合まで時間があるうちは全員がピシッとそろうことも少なかった。「やるときは、やる」というのは松山東の特性であり、堀内監督もそこは信頼していたが、遅刻や生返事など、そろそろ締めるべき時と判断すればやはり、カミナリを落とすことになる。同監督は期間中「2度ありましたね」と頭をかいた。

運命の一戦へ各々が役割分担を

時間は、待ってくれない。

20日に対戦校同士の監督対談と開会式リハーサルを済ませると、21日はいよいよ、開幕だ。右翼ポール際から行われる入場行進は前年度優勝校の龍谷大平安、準優勝の履正社に続いて西の高校からという順序だ。松山東は糸満、神村学園、九州学院、九産大九州に続いて5番目に入ってきた。合宿生活はのんびりしたものだったが、快活な紹介アナウンスと、ひときわ大きい拍手、歓声に迎えられたこの行進は、複数の大会関係者から「立派だった」と褒められるような、堂々として、気持ちのそろったものになった。

堀内監督と大屋満徳野球部長は一塁側内野席の、最前列に陣取った。すぐ後ろには夏、春連覇がかかる大阪桐蔭の指導者とベンチ外の選手や、この大会で優勝することになる敦賀気比の一団が座っていた。そんなこともお構いなしに、大屋部長は「お前ら、かっこええぞー!」

と声援を送り、堀内監督は入場から開会式が終わるまで、選手たちを食い入るように見つめながら、何度も「アイツらがこんなすごい所に来ることができた。幸せです」と口にした。この時間だけは、戦いを忘れて聖地に来た、ということを選手たちも、指導者も心から満喫した。

これと前後して、戦いへの準備は着々と進めていた。大会中、何度か取り上げられたのが、データ班の存在だ。一丸、という意味で言えば、ベンチ入りできない彼らも間違いなく、大きな戦力だった。

外から見れば、松山東という進学校の頭脳、というイメージでプロ野球でいう野村克也氏のような、大量のデータとプレーヤーの特性などに照らし合わせた秘策が練られたように思われたかも知れない。

しかし松山東にデータ班ができたこと自体、まだ2年に満たない。いわゆる野球強豪校のような全国各地のネットワークや、映像を含む他校のデータを集める機材も、人員も、もっと言えばお金もない。従って、データの基になったのは新聞、雑誌で掲載されたものと、前年夏の甲子園でのビデオ、二松学舎大付と練習試合を行った京都翔英に、たまさか堀内監督の知人がコーチをしていたので、電話で聞き取りをして得た情報。これだけしかなかった。

数少ない情報を、データ班が分析。相手投手や打者の特性を割り出して、攻撃での狙い球、守備においてのポジション取りなどに生かす。この作業は連日、深夜に及んだ。試合前日に完成したデータ。これをチームに届けたデータ班の班長、向井飛雄外野手は疲れ果てて自室に戻れず、玄関のソファで寝入ってしまうほど、自らのフィールドで必死の戦いをしたという。

一方で堀内監督はターゲットを、相手捕手に絞っていた。自身も捕手出身。さらに二松学舎大付の捕手は、昨夏の経験があるとはいえ、まだ新2年生だ。その〝若さ〟につけ込むことはできないか、と考えていた。守りの要をぐらつかせられれば、いかに好投手が相手といえど、得点機を増やすことはできる、という読みだった。

弱者の達観、その自助力

3月25日。甲子園球場に入ってきた松山東は、三塁側室内練習場に集められ、第2試合、健大高崎と宇部鴻城のゲーム展開を見つつ、道具のチェック、取材対応、ウォーミングアップとめまぐるしい試合準備を次々とこなしていく。相当な緊張がナインにはあったが同時に、どこか奥底の感覚では、ちょっとした自信、少なくとも自分たちの力を発揮できる、という思いは皆が持っていた。数日前まで「試合当日はどこかで練習できるのかなあ」(堀内監督)、「分かりません」(大屋部長) といった、のんびりしつつ、不慣れな一面ものぞかせていた指導者の表情も、ここに来ては晴れやかなものに一変していた。

そのちょっとした自信は、ある種、暗示のようなものかも知れない。が、この高校に関わった者なら何度も目の当たりにしてきた不思議なパワーだ。端的に言えば、東高生が持つ特別な集中力。堀内監督自身、生徒としても経験があるだろう。他校の指導者だった時期には「東高の集中力は怖い、と思いました」という。サッカー、ラグビー、ボート…。全国を狙おうという部活動においてもたびたびそれは見られ、陸上部の顧問は「ここ一発、となると見たこともないタイムをたたき出す」と、体育教官室で、松山東の伝統的な集中力に感じ入った逸話を披露した。

前の試合の終了に合わせ、いよいよナインが登場、三塁ベンチに向かっていく。スタンドは整然と入れ替えが行われる。その入れ替えが終わるころ、松山東ナインのシートノックが終わり、グラウンド整備。ナインはベンチ前で思い思いにバットスイングをしているところへ、伝統の掛け声がスタンドを揺さぶった。

「東高、がんばっていきまーしょい！」

二松学舎大付が驚くだけでなく、松山東ナインも一瞬、スイングを止めるほどの、声の圧力がグラウンドを覆った。

試合は、得点経過としては静かな立ち上がりだった。三回まで0対0。しかしこれこそが、松山東が狙った、願ってもない展開だった。一つは、スタンドだ。一回表。松山東は先頭・

清水智輝が初球、ボールを選ぶ。ただこれだけで、ものすごい歓声が沸き起こる。そこから3ボールとなった際にもまた、大歓声。続く4球目を鋭いスイングで引っ張れば、ファウルにもかかわらず「あのええピッチャーの球を引っ張ったぞ」と大歓声。結果、四球を選んでまたしてもすごい声が甲子園全体に響き渡った。

さらに二番・石山太郎がバントを決めれば大拍手、守っても亀岡が初球、ストライクを取る、二塁手・松下洸葵が先頭打者のゴロをさばく、センター・酒井悠佑が飛球を抑える…。そうしたプレーの一つ一つに対して、まるで決勝戦の終盤のような音量の声が一斉に沸くのだ。しかも序盤で大きくリードを許す展開にならなかったことで一層、スタンドは〝その気〟になった。これが徐々に、二松学舎大付にのしかかってくる。

二回だ。先頭打者の三塁ゴロを有田虎之介が一生懸命、足を運んで抑え、この送球を一塁手・山田海がめいっぱい、体を伸ばして受け止める。

守備率ワーストの松山東が、なんとかかんとか守るのだ。市原監督は「イヤだなあ、と心配していた面が出ました」と振り返った。「都立でも、頭のいい学校は、厄介なんです。練習でも試合でも、無駄なことをしない。松山東さんもそうであろう、とは思ってましたが。ポロポロしてくれないと、なかなか点は取れないぞ」と、1球への集中の高さを序盤に感じることとなった。

米田が言う。「二松学舎さんの練習で、全員が僕らより高いレベルだということを見せつけられました。でもへたくそのアウトも、アウトなんですよね」。流麗なステップとハンドリング、目にも止まらぬスナップスローで一塁に投げれば、アウトを2つ与える、というルールはない。これが、新チームになった時点で、全員が確認し合った部分だ。自分たちの力量をしっかりと把握して、背伸びしない。謙虚さを失わない。

市原監督も、その豊かな経験から、全く同じ印象を受けていた。松山東の攻撃は三回までで5三振。なかなか、大江の球にバットを当てられない。なのに、だ。「松山東さんの選手たちの顔がね、『分かってますよ』って感じだったんです。いくら三振しても、慌てるところがないんですよ」という、弱者の達観が、市原監督が警戒していたものだった。

試合では相手を見下ろして戦え――。こんなセオリーの対極に自分たちのポジションを定めた松山東の戦い。しかし二松学舎大付サイド、少なくとも市原監督に油断があったわけではない。「愛媛は野球の強い学校が多い。そこで去年の夏、秋と決勝まで進んだんですからウチと変わらないわけですよ。ただ21世紀枠ということと、進学校であることで、実力より評価が低くなったと見ました。もう一つ。野球推薦で、例えばシニアで活躍して高校に来る選手もいるところと比べて、松山東さんはそれがいない代わりに、全員が受験での合否という、修羅場を乗り越えてきている。そんな『自助力』のようなものが身についているように思いました」と話した。

つまりここまでは、二松学舎大付にとっても心配していた展開ではあった。ただしそのほとんどは、予測もしていたものだったが唯一、「亀岡君のストレート。球速はないんですが、選手が最初に差し込まれてしまった。これに関してはもっと〝見積もり〟を高くして準備しておくべきでしたね」という。亀岡自身「130キロを140キロに感じさせるピッチングに、ずっと取り組んでいました。はっきりとしたものではないけど、春になって徐々に成果が現れたように感じてはいました」と言う。ただそれでも両軍無得点から残り6イニングの攻防でリードしていけばいい、という目算もあったはずだ。

ところでここまでに、松山東にも誤算を感じている選手がいた。主将の、米田だ。試合前、室内練習場での各社取材タイムでは、朝の様子を聞かれたマネジャーが「固かったですねえ」と苦笑しながら、視線を送った。その先にいたのが、米田だった。ただ当のマネジャーは「私がベンチで大きな声を出して、まだ緊張している選手がいたらお尻にモミジを作ってあげますよ」と、落ち着いたものだ。このあたりのバランスは本当にしっかりと作り上げたチームワークというものを感じさせた。

米田は第1打席、走者を二塁に置いて三ゴロに倒れた。その時、先制できなかったことも悔しかったがそれ以上に「バットが振れない。相当に、緊張してました」と感じた。四番打者がバットを振れなくては、一大事なのだが、ここでもまた、このチームの特色が出現する。「とりあえず、緊張しててもできることをやろうと思って、守備と、もし塁に出れば走ることだけは思い切りやろうと切り替えたんです」。打つことを諦めたのではなく、やれることに、全力を尽くすという姿勢を、貫いた。この発想により、松山東の誤算が致命傷となることを避けられた。

試合が動き始めた裏側にあったもの

まだ、慌てるところまでは至っていない二松学舎大付。一方、これしかない、という展開で序盤を乗り切った松山東。四回表に、試合が動いた。先頭の石山が、四球で出塁する。このチャンス。打席には三番・酒井。堀内監督は「うまいヤツはいませんが、伸びた、という意味では酒井ですかね」と、秋から比べてレベルアップしてきた努力を買っていた。彼をどう使うか。初球、いきなりヒットエンドランをかけた。これがファウルとなると、次はバント。しかしこれもファウル。追い込まれてやむなくヒッティングにしたところが、ぼてぼての、一塁線上のゴロ。これが、内野安打となる。形はどうあれ、ヒット。成長株のチーム初安打はスタンドを含めた松山東サイドを多いに勇気づける。これが、大江の手元を狂わせる。米田は、死球で無死満塁。

ここで五番、亀岡は追い込まれながらの3球目。見送ればボールという外角高めの直球を強振、右前適時打となり、65年ぶりの得点シーンに、スタンドはさらに盛り上がる。

続く山田海は好打を相手三塁手に阻まれたが、なお1死満塁。ここで堀内監督は山田大成に初球スクイズのサインを出す。164センチ、58キロの右翼手。140キロの快速球をスタンドに放り込むことは難しいかも知れないが、違う武器もある。右翼のポジションから「すごい応援でしたねえ」と三塁側アルプスを〝評論〟する落ち着きと、このサインに膝を突きながら、体ごとバットを持っていって、成功させたハート。この2点目が、堀内監督のもくろみの一つだった。「キャッチャーの嫌なことの一つに、スクイズを決められる、というのがあるんですよね」。

じっくりと1回戦の戦略を練る中で、若い捕手の揺さぶりを考えていた。まったく無警戒のカウントからスクイズを決められた二松学舎大付の捕手・今村は、間違いなく、精神的ダメージを受けた。2死二、三塁から、有田は三振に倒れたが、追い込んでからの決め球は、大江が首を振って選んだ変化球。揺さぶりの効果は、わずかながら2年生バッテリーの呼吸を少しだけ、乱す形となって早くも現れていた。

六回表だ。さらにたたみかける。無死から、酒井が中前打で出塁すると、米田の打席で盗塁のサイン。これをまんまと成功させ、バッテリーにダメージを与えると、序盤は緊張でバットが触れなかったという米田が軽打で右前に落として無死一、三塁。ここで亀岡が左右間へ2点二塁打。

二松学舎大付なりに、松山東は研究した。選手の、個々の力量もある程度、つかんだ。マークするべき選手を絞り込んだ。「マークした選手以外にやられるのは、困る」と考えたゲームだ。この、亀岡の2点二塁打は、投打両面でマークした選手に許した活躍、ということになる。「ちょっと待てよ」と市原監督は思った。伏兵の活躍は困るが、マークした選手をマークしきれなかったというのは「向こうのペースじゃないかよ」とここで改めて、松山東がゲームの主導権を握っていることを、実感させられたのだ。「チームの核がしっかり機能している。自分の野球をやっている」と。

しかしやはり、強豪のバッテリーを1年生から務めた2人だ。二松学舎大付はその裏、主軸がチャンスを作り、捕手・今村の2点打と、投手・大江の同点タイムリーで松山東に追いつく。両者とも、それぞれの殊勲打に喜びの表情を浮かべたが、試合当初に見せていたような、軽い笑顔ではない。対等の戦いの中で、負けられない気持ちがプレーに結実し、喜びの発現となった。点数もだが、試合に臨む心構えとしても、本来あるべきところに追いついたのではないか。

通常であれば、これで五分。もしくは実力上位の二松学舎大付に分のある戦況といえるかもしれない。しかし松山東はそれを許さなかった。一つは戦術だ。バッテリーにいい気分のままプレーされては、勝ち目はない。直後の七回、1死一、二塁の好機を迎えた。打席には、酒井。堀内監督はカウントによって待球を命じ、バントを命じ、再び揺さぶりに入った。そしてまたも追い込まれる形になってからのヒッティングという場面で酒井は、インコースへの、大江のウイニングショットとも言えるスライダーを、腕をたたんで左翼線際に落とした。これが、決勝タイムリーとなった。

息を吹き返したかと思われた、二松学舎大付のバッテリーが、追いついた直後に突き放されることは市原監督をしても「ああいうところを抑えて来たんですが」という、これまでに見られなかった姿だった。

名将・市原勝人の熱きエール

同監督は、いくつか敗因を挙げた。一つは「チャレンジャーであるべき、経験の少ない方が受けに入った。松山東は『当たって砕けろ』を通した」こと。そして、完全アウェーとなった場内のムードだ。試合開始からの大声援。「甲子園の試合はあっという間に終わるので、そちらに集中していたつもりだったんですけど、気づいたときにはあの歓声がだんだん、重くなっていた。向こうに勢いを付ける、大きな力になっていました」というものだ。

松山東がリードして以降、1球に対する歓声、応援はたしかに、さらに音量を上げた。1人でも走者を許せば、相手方のブラスバンドに負けないガンバレコール、カメオカコールでナインを励ました。

九回裏。2死一、二塁。松山東はサヨナラの走者を背負いながら、最後の打者を二ゴロに仕留める。二塁手・松下はやや、ボールを握り直しながらも山田海の胸元へ送る。この瞬間、松山東高野球部の歴史は、塗り替えられた。スタンド、ベンチ、一体の戦いがここに、実を結んだ。

実力上位と目されていた二松学舎大付・市原監督はこの試合で、いくつかの感慨を覚えた。まずは、亀岡に対して。試合後の取材も終わり、隣り合った部屋でのクーリングダウンも終わったころ、部屋の外に出ていた市原監督は近くに亀岡がいたことに気づいた。「頑張れよ」と声をかけたところ、亀岡は「はい」と返した。「その時の亀岡君の顔がね、なんとも言えない、いい顔だったんです。充実感と、謙虚さの両方がにじみ出てました。ウチを倒した相手にこんなこと思っちゃ、アレなんですけど、応援したくなる顔なんですよ。それを見てつい『君なら勝つわ』って、言っちゃった」。

敗戦という結果。21世紀枠で出てきた弱っちい進学校相手に「『やらかしちゃった』という気持ちが全然起きませんでした。むしろ周囲に『松山東は強いよ』と宣伝したいくらいだった」と思った。「事実、次の試合（東海大四戦）も、強かったでしょう。あと少しで負けたけど、東海大四は決勝まで行ったでしょう。それくらいやるんじゃないか、と思いました。だから亀岡君はさばさばしてた感じだったけど『もっと悔しがれよ、君はそんなもんじゃねえだろう』って、テレビに向かって思いましたよ」と述懐する。

そして、松山東とは――。「都立の進学校との試合はずっとやりづらいと感じていました。それが今回、スタンドも含めて究極の対戦相手を経験できた。これはウチの財産にもなります。事実、センバツ後の春季都大会で都立高校と対戦しましたが、今までほどイヤだとは思いませんでしたから。それと…、できればまた甲子園で松山東さんとやりたいですね。どうすればああいう学校と、自分たちのペースで戦うことができるか。今度は勝って『やっぱり強い』と思われたいですね」。

〝名将〟に、ここまで感じてもらえるまでに、松山東は成長した。その成長と、伝統の持つ力を世に示して、最大の目標だった「1勝。そして校歌」を現実のものとした。

一二三四五六七八九計 H
松山東 0002021005 7
二松学舎 0001030004 8
奥村組 OKUMURA CORPORATION
毎日新聞
学校野球連盟 毎日新聞社

第6章

その時、アルプスが揺れた。

～甲子園に集結した700人の仲間たち～

「ものすごい、大応援団です！」
テレビの実況がそう感嘆するほど、2015年春の甲子園を賑わせた仲間たち。
そこに至るまでには、学校関係者たちの、同窓生たちの、
そして生徒達の、すべての東高関係者の苦悩と努力と叡智があった。
緑色にアルプスを染め尽くした、あの大応援団はいかにして集結できたのか。
選手たちを後方支援すべく、身を粉にして駆けずり回った者たちの
熱き想いに迫る。

文・鷲崎文彦

それは、携わった者たちの真っ直ぐな想いの結晶だった。

2015年3月25日。

第87回選抜高校野球大会第5日、第3試合。三塁側スタンドはアルプス席を核にスクールカラーである緑色に見事に染め上げられていた。陣取っていたのは松山東高校の大応援団。地元はもちろん全国から7000人を超える同窓生らが、82年ぶりに出場する野球部を応援したいと駆けつけていた。地鳴りのような大声援で阪神甲子園球場を震わせ、プレーするナインを鼓舞し続けた。

高校野球史に残るようなこの大応援団は、多くの仲間が同じ想いを原動力として、様々な困難を乗り越えて生み出した結晶だった。

不安と重圧のスタート

1月24日のこと。

聖地に〝1番乗り〟を果たしたのは、松山中学・松山東高校同窓会会長（当時）の村上愼吾だった。松山東が21世紀枠に選ばれセンバツ出場を決めた23日、村上は出張で三重に来ており、翌日、松山に帰る前に甲子園球場へと足を向けたのだ。

「正直ね、うちが四国大会で負けた鳴門高校が次の試合で大敗をしたので、無理なんじゃないかと諦めかけていたんです。それだけに選ばれたのが嬉しくてね。気持ちが抑えられず、外から見るだけでもいいからと思って行ったんです。でも、着いて球場を眺めていたら職員らしき人が出てきて、中を案内しますと言う。おかしいなと思ったんだけど、えらく対応が良くてね。実はこの日、阪神タイガースの年間シート購入希望者向けに下見会をやっていて、向こうの人が勘違いしてくれたんです。普通は入れないのに、ラッキーでした」

広々とした球場を前に、感激して胸がいっぱいになった。エースの亀岡優樹が丁寧にコースに投げ分け、4番で主将の米田圭佑が思い切りのいいフルスイングで力強い打球を放つ。そんな想像をしたことだろう。

しかし、球場を後にすると、現実に引き戻された。

「大変なことになったな…」

村上は、ある重要なミッションを背負うことになっていた。

松山東は1950（昭和25）年夏の全国高校野球選手権大会に出場して優勝していたとはいえ、当時は松山商業と統合していた時期。そのときを除くと、甲子園に出るのは1933（昭和8）年に春夏連続出場を果たして以来のことである。自分はいったい何をどう準備すればいいのか。松山への帰路、村上は不安と重圧で押し潰されそうになっていた。

人一倍、いや何倍もプレッシャーを感じていたのには理由がある。

選抜出場が決定してから準備したのでは間に合わない。2014年12月12日に21世紀枠の四国地区推薦校に選出された後、野球部に関わる6つの組織、すなわち学校、同窓会、野球部のOB会・明教倶楽部、野球部後援会、野球部保護者会、PTAの代表者らによる話し合いが持たれた。その場で、学校を除く5つの組織による『松山東高校後援会』が起ち上がり、村上がその会長を拝命していたのだ。野球部後援会があるのだから、その会長が務めるのだろうと高を括っていたのだが、寄付金をお願いする先は2万4952人いる同窓会がもっとも多い。それならば同窓会会長がやるべき、ということで話がまとまったのだった。

後援会として正式に始動したのは12月16日。

村上や同窓会事務局長の井手一隆、野球部OB会会長である一色隆士、野球部後援会会長の貞本和彦、PTA会長の加世田学、野球部保護者会会長の米田貴弘、藤田繁治校長、大屋満徳野球部長らが顔を揃えた。今後のスケジュールから、同窓生、地元企業などへの募金のお願いをどういう段取りで進めるか、その趣意書など印刷物の下準備をどうするか、といったことを熱心に討議した。

その場でイニシアチブを握ったのは学校の谷本猛事務長だった。後援会に名を連ねていたわけではなかったが、谷本は松山東に赴任する前は今治西におり、2011年から2年連続で、夏の甲子園を経験。用意するものはなにか、いつからスタートしなければいけないのかといったノウハウを持っている。手遅れになってはいけないと、自らその役目に名乗り出たのだ。

「1試合行くのに最低3000万円かかるので、寄付金の目標額は5000万円で提案しました。ブラスバンドの楽器、タオルやメガホンといった応援グッズ、雨が降ったときのための雨合羽など、東高はいちから揃えなければならなかったので。それに82年ぶりで、どれだけの方が応援に来てくれるのかもわからない。多めに見積もっておかないと、何が起きるかわかりませんからね」(谷本)

後援会への助言だけではない。谷本は起こせるだけのアクションを、すでに起こし始めていた。常に先手を打つことが大切で、間に合わないことは絶対に許されない。

寄付金の振込用として一般的な郵便局の口座だけでなく、地元の多くの同窓生を考慮して地元金融機関の口座も開いた。2014年の夏の大会に出場した小松高校の担当者へのヒアリングも敢行。そこで寄付金の払込取扱票を印字入りのものにするなら事前承認が要り、その仮承認を得るまでには約1ヵ月もかかることを知った。ボツになることを覚悟の上で、版下作成を業者に依頼。出来上がるとすぐに仮承認申請をした。もちろん備え付けの用紙でも振り込みは可能だが、同窓生の手間を省き、間違いを減らすためには専用の用紙を送るのが望ましいのは明白だった。3万枚の専門用紙の印刷発注を年内に済ませ、翌年1月中旬までには封筒及び趣意書の印刷も発注した。

さらに校内委員会の組織編成案を、ともに副委員長を務めた二宮久幸教頭ら管理職の教員と相談しながら練り上げる。藤田校長を委員長に、『応援団』『生徒指導』『行事・日程』『対外折衝』『記録』『野球部』『募金・渉外』の7つの役割に分け、全教員の協力を仰いで遂行することを掲げた。12月下旬の職員会で原案を伝え、出場が決まった際にはすぐに動けるようにとお願いした。

野球部だけの行事とは考えず、学校を挙げて野球部を後押しする。そんな一致団結した姿勢こそが後々、甲子園での一体感に繋がった。そう言っては言い過ぎだろうか。

野球部OB会会長の一色隆士も秋季大会以降、落ち着かない日々を送っていた。

「2007年の1月にOB会長になって以降、同じ旧制中学の流れを汲む彦根東や大分上野丘が甲子園に出場し、うちの学校もなんとかならんかなと。焦りやプレッシャーを感じていました。まわりからも『なんとかせんかい』と叱咤されとったしね。そうしたら秋の大会でいった。亀岡、米田のバッテリーを中心に、打線も要所で得点するなど次々と接戦をものにしていった。本当に選手は頑張ってくれました。とにかく選ばれてほしい。出場校発表までは、気が気でなかったですね」

2014年の夏は愛媛県大会決勝戦まで勝ち進んだが、結果は一歩及ばず。一色は大きなショックを受けていた。それだけに秋の快進撃は一色を大きく喜ばせたのだが、秋の大会が始まる前は「現場の選手たちには申し訳ないが、私が生きている間に甲子園に行くのは無理なのかな」とさえ思っていたという。

野球部OB会の関東支部のまとめ役、篠原一郎も夏の決勝戦の敗北に心を揺さぶられたひとりだった。しかし、その意味合いは一色とは異なっていた。

「決勝戦直後の様子を写した1枚の写真に目が留まり、理屈抜きに涙が出てきました。そこには整列してスタンドに挨拶をし、そのまま泣き崩れて立てないでいる、ある選手の姿があったのです。OBとしてなにかをしてあげたいというのでなく、遠い昔の自分を見ているような気になったんです。それまでも関東支部のOB会を開いて結束を固めたり、母校の試合結果を伝えていたのですが、どこか淡々としてしまっていた。そんなことではいけないんじゃないか。卒業してから初めて、そんな気持ちになったんです」

秋季大会には忙しい仕事の合間を縫って、東京から観戦しに行った。後輩たちが夢の扉を開くかもしれない。篠原の気持ちは否が応でも昂っていった。

野球部OB会の常任理事で、名簿とホームページの管理を任されている東健二は、センバツ出場を信じて、一足早く走り出していた。例年だと11月に、翌年の正月に行うOB戦と総会の案内を名簿にあるOBに送っているのだが、今回は甲子園に出られる可能性があったため、連絡が取れないOBの当たり先まで調べ出したのだ。

「甲子園行きが決まればチケットのことなどもありますので、1人でも多くのOBにコンタクトを取れるようにしたかったんです。それ以前も余裕のあるときに探すようにはしていましたけど、やっぱり甲子園は特別ですからね。同級生を当たったり、勤務先がわかれば連絡をしたり、実際に行ってみたりして、できる限り突き止めるよう努めました」

各々が実直な思い、使命感を胸に抱きながら、運命の日を待っていた。

タオルの枚数に現れた母校への愛

2015年1月23日。各々が自主的に回していた複数の歯車が、そのすべてを噛み合わせ一気に加速する日がやってきた。

センバツ出場校の発表。松山東が選ばれたのだ。

学校は報道陣の対応に追われていた。テレビ、新聞など事前に取材申請を受けていたとはいえ各社が何人で来るかまでは把握できず、想像以上のメディアが訪れた。選出された場合は日本高校野球連盟選考委員会からの連絡を藤田校長が受ける。各社ともその様子を映像や写真として収めるため、校長室でスタンバイするのだが、あまりの多さに全員が入り切れない。事務長の谷本が弱っていると、「こんなに集まっているのは初めて見ました」と、報道陣の1人に声を掛けられた。

「テレビ局だったら記者、カメラマン以外にもアシスタントの方が来ていたり、新聞社でも支局だけでなく本社の方が来られたりで、全部で40人を越えていたと記憶しています。皆さんがうまくやっていただいて、最終的には全社が望む画を撮れたのですが、選考委員会から電話がかかってきたら事務室の方で受けて校長室に合図してという段取りだったのが、報道の方がいっぱいで合図が見えなかった。それは困りましたね（苦笑）」

他の教員たちも校内放送で全校生徒に朗報を届けたり、激励会や2度目の後援会打ち合わせに出てもらう関係者への連絡、バス会社への応援バス見積もり、寄付礼状印刷の依頼など、各々の役割をこなしていった。

後援会打ち合わせには前回と同じ顔触れが集まり、より具体的な話し合いが行われた。4500万円の予算額の詳細な内訳、趣意書が出来次第、同窓生24952人へ速やかに郵送を開始すること、応援バス業者は2月6日までに決定することなどを詰めていった。

「それからチアリーダーのユニフォームや吹奏楽部のウィンドブレーカー、メガホンなど応援関係用品は、頼めるものから頼んで行くことを確認しました。特に寄付をしていただいた方々への御礼として作った記念のタオルは、出来上がるまでに1ヵ月から2ヵ月かかると言われていたので急ぎました。まずは染める作業からで、学校の美術や書道の教員を中心に作ってもらったデザインは後から送れば良かったので、色は緑というのだけ決めてその日のうちに発注しました。大会後に贈呈するつもりではありましたが、間に合うなら甲子園でそれを使って応援してもらえたらと思ったので」（谷本）

タオルの発注枚数は5000枚。生徒や保護者用の2000枚を除いた3000枚を御礼用として用意したというが、どのように枚数を決めたのか。谷本が明かした。

「何度も甲子園に出場している常連校とは違い、松山東は初めてに近いような状況でしたから、多ければ同窓生の15％くらいは寄付をしてくれるのではないかと。名簿にある住所では届かない同窓生がかなりいることも予想されたので、趣意書を送れる方が2万人として、その15％の３０００枚なら足りるという計算でした」

大量に余らせるわけにはいかないとはいえ、ゆとりを持たせたつもりだった。

しかし、その目論見すら崩れることとなる。あっという間に寄付希望者が増えてきて、まったく足りず、幾度も追加発注を繰り返したのだ。

そして――――。

最終的な枚数は、なんと1万枚。

正確な数は集計されていないが、タオルの追加注文が５０００枚と仮定すると、先の３０００枚と合わせて８０００人が協力したことになる。だとすれば寄付をしてくれた同窓生の割合は15％どころではない。しかも同窓会名簿で把握できたのは約2万人で、そのうち転居などで戻ってきた数はかなり多く、実際に手元に届いたのは1万５０００人程だったと見られる。つまり同窓生の半数以上が力を貸してくれたことになるのだ。

母校愛の深さが現れていた。

その分、事務処理は大変な作業となった。事務室の職員が総出で名前と振込金額のチェックや入力作業を行ったが、思った以上に時間がかかり発送作業へも影響が及んだ。

寄付をしてもらった順番に、タオルを礼状とともに発送した。そのため試合までに手にできた同窓生と、できなかった同窓生が出てきてしまい、苦情とは言わないものの、「もう届いている人もいるが、私にはいつ届くのか」という問い合わせの電話が鳴った。谷本はそうした事態は想定していたが、それでも1人でも多くの同窓生がタオルを使って応援できるよう尽力した。

「同窓生を全員、連れて行く」同窓会長の気概

とにかくスケールが想像以上に大きかった。

寄付金の総額も約1億1000万円に上ったと見られ、資金面で心配することはなかったと思いきや、決してそうではなかった。村上が苦労を明かす。

「当初、考えていた予算では収まらない項目がいくつも出てきた。例えばバスの代金。参考にした常連校は15台くらいで済むから、1試合行ったときにかかるのは1500万円程です。でもうちはバスツアーの参加者が常連校の比ではないほど多く、その3倍の約4500万円もかかった。そういうことはやっていくうちに判明していきました。市役所前広場で壮行会

を行った3月16日の時点で、寄付金は6000〜7000万円集まっていたのですが、それではは1回戦分にしかならないんです。もう1度、振込用紙を送るわけにもいかないから、そのときも皆さんの前で『おかげさまで1回戦の分は集まりました。でも2回戦に行ったら(寄付金が)足らんから、どうかお願いします』と伝えるなど、その後も口コミで協力を訴え続けました。最低でも2回戦に行くお金は用意しないといけませんからね」

寄付の受付が開始されたのは2月2日。わずか1カ月半でそれだけの金額を集まるのは凄いことだが、水を差される出来事もあった。村上は少しだけ語気を荒げた。

「お願いを始めて1週間か10日くらい経った頃、『もう2億円集めた』といったあらぬ噂が流れたんです。誰が言いふらしたのかはわかりませんけど、いい加減なことを言わんでくれと。後援会の寄付金委員長として尽力してくれた宇都宮良治さんと一緒に有力者を訪ねても、『もうたくさん集まったんだから要らんだろう』と力になってもらえないこともあった。他にも『医者の誰々が1人で5000万円を出した』なんてデマもあって、足を引っ張られた。それは本当に困りました。加えて痛かったのが、会社経営者からの寄付が伸び悩んだこと。今回のことで学んだのですが、形のないものへの寄付は会社の経費として処理できない。経費計上できないなら勘弁して欲しいという人が多かったんです。100万円を最低でも10本は欲しいと思っていたのですが、野球部のOBの分を入れても6、7本に止まりました。企業から1億5000万円を目標にしたのですが、大きな誤算でした。ただそれを吹き飛ばすくらい、個人の寄付が多くて本当に助かりました」

だからこそ、強く誓った。

「甲子園での応援を希望する同窓生は、可能なかぎり全員連れて行く」と。

応援グッズ、アルプス席の入場券、2回分の食事も付いたバスツアー。後援会が差額を負担して1人5000円で行けるよう旅行会社と組んで準備していたが、当初は条件として、定めた金額以上の寄付をしてくれた同窓生に限ることも検討されていた。しかし、村上は同窓生であれば誰でも受け付けると決断した。金額がいくらであろうが、予算が嵩むことにな ろうが、出してくれた気持ちを大事にしたかった。それが大応援団に繋がっていくことにな るのだ。

70台ものバス編成を成し遂げた男

途中から運営委員として加わり、バスの手配で誰よりも手腕を発揮した武智和夫も同じ気持ちだった。

「とにかく甲子園のスタンドを東高のみんなで埋めたい。その想いで運営委員を引き受けました」

武智が運営委員に指名されたのは、2月の同窓会の役員会。そこで聞かされたセンバツに臨むガイドラインに疑問を感じ、長年旅行業に携わってきた自らの経験を披露したことがきっかけとなった。

「バスは全体でも50台しか駐車場に停められないため後援会は10台まで、とか、高野連から買えるチケットは3500枚しかないといった説明があり、『その数では行きたくても行けない人が絶対に出てくる。今から募金だけもらって行かせられないのか』といった意見が出て、収拾できない雰囲気になったんです。その指針通りでは良い形にならないと思いました。他県ですが甲子園の応援ツアーを取り扱った経験もあったので、発言させてもらいました。例えばバスの駐車場の件も、対戦相手校の枠が空いていれば使わせてもらうことも不可能ではありませんし、仮に駄目でもどこか手前で止めて、阪神電鉄に乗っていけばいい。チケットもアルプス席だけでなく内野席という選択肢もある。また外野席なら無料で入れるんです。そういう解決策はいろいろとあるんですよ、と伝えたら詳しいから運営委員になって欲しいと村上会長から頼まれたんです」

実は武智には長く野球部監督を務めた同期生がおり、仲間で集まった時にはいつも「早く甲子園に連れて行けよ。頑張って応援に行くから」という話をしていた。そのまま何十年という月日が経過していた。武智と仲間たちは、公式戦だけでなく練習試合も一緒に観に行くほど熱心で、2014年の夏の決勝戦や、勝利すれば四国大会の代表になれる秋の試合も応援に行っていた。そこで目の当たりにしたのが、報道を見て応援に駆けつけたという、同窓生や地元の人々の姿だった。球場のスタンドにいたのは、在校生や野球部の関係者だけでなかった。

「内野スタンドはほとんどいっぱいでした。だからもし甲子園に出ることになったら、相当な数の人が応援に行くとわかっていました」（武智）

3月10日、武智はまずバスツアーの受付を行う臨時事務所を立ち上げた。

場所は松山市三番町。事務所の所有者は同窓生で、無償で貸してもらうことができた。後援会が募集行為を行うと旅行業法違反になるため、旅行会社から国土交通省に事務所を『松山支店分室』にする申請をしてもらい、登録した上で抜かりなく始めた。

事務所を立ち上げて以降、武智はそこに缶詰状態になっていた。松山東が2回戦で敗れる日まで、自分の会社にはまったく出社できなかった。旅行会社に一任することもできたが、長年の歴史を誇る松山東の同窓生は高齢者も多く、より細やかな対応をするには自分たちが主導して行うほうがベターだと考えたのだ。

運営は旅行会社が行ったとはいえ、旅行業に詳しい武智らが工程や内容をチェックして、駄目なものは変えさせた。後援会と旅行会社では当然、考え方が違う部分もあり、衝突もあれば、無理だと反対されたことを押し切ったときもあった。その最たるものが1回戦の当日、3月25日のバス出発時の受付対応である。42台、1650名という大所帯の受付を朝の6時半から始めて7時の出発までに終わらせる。旅行会社は間に合わないと主張したが、「絶対にできる」と返した。

武智にはアイデアがあった。世代ごとに場所を分け、受付担当者をその世代の同窓生に任せた。同世代は旧知の仲だからやりとりが早く、見事に予定通りの時間にバスを出発させた。終わった後、旅行会社の担当者から「こんなに統率の取れた後援会は見たことがありません」と感心されたという。

3月13日。組み合わせ抽選会が行われ、松山東の1回戦は25日に決まった。

バスツアーの受付開始となる15日10時、事務所にある10本の電話がけたたましく鳴り響いた。驚くことに初日で募集定員の600名を越える申し込みがあったという。武智は改めて、同窓生の熱い想いを肌で感じていた。そして、「バスは自分が何をしてでも集めてみせる」と誓い、定員は取っ払って手配の日まですべての申し込みを受け付けることにした。その間にバスの手配にも奔走。70台まで用意してみせた。しかも、バスなら何でもいいというわけではなかった。甲子園球場までの道のりで排ガス規制適合車でなければ入れない地域があり、そうでないバスは辿り着けないのである。どの会社がクリアしているバスを何台持っていて、どれだけ使えるかを徹底的に調べた。県内の会社では足りず、四国4県まで広げても集まり切らず、最終的には広島県のバスも引っ張り台数を揃えた。どうしても無理なら淡路島まで行って、関西のバスに迎えに来てもらって乗せ替えるというアイデアまで捻り出していた。

1人でも多く連れて行く。そんな使命感が武智を突き動かしていた。

余談にはなるが、面白いエピソードも残っている。2月下旬、松山東の盛り上がりぶりを見てなのだろう、ある航空会社が「神戸空港にチャーター機を飛ばしませんか」と持ち掛けてきたという。さらに2回戦ではバスツアーがないのを知ってか、「臨時便を出します」と提案してきたというのだ。旅行業に従事してきた武智ですら、過去に聞いたことがないほど前代未聞の提案だった。

寄付金やバスの確保と並んで、困難を極めたのが入場チケットの入手。

もっとも骨を折ったのは、同窓会事務局長の井手一隆だった。通常、出場校が高野連から購入できるアルプス席は3500枚だが、状況によっては上乗せが可能で、井手は最初、約6000席すべてが購入できないかと考えていた。

「アルプス席という特別な場所に、できるだけ多くの方に入ってもらおうと思ったんです。第1試合、第2試合との兼ね合いがあって全席というのは無理だということがわかりました。それでも1枚でも多くとお願いした結果、500枚増えた4000枚を買うことができました。ただ、少なくとも6000枚は必要と考えていたので危機感を覚えました」

在校生ら学校関係で約1200枚、野球部OB会が約440枚。さらに、チケット付きとうたっている以上、バスツアー参加者用の約1650枚は絶対に要る。さらに甲子園球場までは自力で行くからチケットだけはなんとかならないか、という同窓生の問い合わせが後を絶たなかった。

400円のアルプス席の切符は、まさにプラチナチケットと化した。

「組み合わせが決まって以降、関東、近畿、東海、それぞれの同窓会支部からも『うちの支部では何枚必要だ』『東京から行って入れなかったらどうなるのか？』などの連絡があり、こちらもどう差配するか悩みました。そうしたチケットを巡るせめぎ合いはかなりありましたね。3月22日に2000枚不足しているとわかってからは、とにかく手に入れられるチケットは、すべて手に入れようと翌日から動きました」（井手）

まず、井手は他の同窓生と手分けしてコンビニに駆け込んだ。アルプス席は扱っていないものの、内野席やバックネット裏の席が購入できるからだ。松山近辺のコンビニを何軒もかけずり回って、可能な限り買っていった。しかし、まだ足りない。試合前日も、チケットが買えなくなる昼まで探し続けた。さらに試合当日、野球部OB会が朝から甲子園球場の窓口に並んで不足分を購入することを知ると、同窓会の分も足らないから買えるだけ買ってほしいと懇願した。結局、同窓会は1回戦でアルプス席4400枚、内野席800枚の計5200枚を集めた。しかし、それでも足りず、外野席に回ってもらった同窓生も出てしまった。井手は断腸の思いだったろうが、やれるだけのことはやった。

一方、同じく当日までチケット入手に奔走していた野球部OB会は、どうにか必要枚数を用意することができた。野球部OB会で現場を任されている東健二が、顛末を振り返る。

「後援会にチケットの希望枚数を伝えた後に、野球部ＯＢ会のなかで『やっぱり行けます』とか『家族１人分増えました』などといった追加の連絡がかなりあって、何十枚も足らなくなってしまった。なので、甲子園のお膝元の近畿支部や、前日入りするＯＢにはチケットを買っておいてくれとお願いしたんです。同窓会の苦しい状況も聞いていたので、行ってくれた20人前後に可能な限り購入してもらい、余った分は同窓会に譲りました」

自分たちだけチケットを入手できればいいわけじゃない。野球部ＯＢ会、同窓会一丸となったのだった。

舞台は整った。

同窓会会長として陣頭指揮をとった村上がいた。

連日のメディア対応で一時は体調を崩した一色もいた。

在校生のキラキラとした表情を優しく見つめる谷本もいた。

篠原は自分の一世一代の戦いであるかのように姿勢を正した。

ギリギリまでチケット配布を行っていた武智と井手は安堵の表情だ。

野球部ＯＢの中でもっとも忙しく動いた東は初めての聖地に見とれていた。

そして、１９５０（昭和25）年の夏に全国制覇を成し遂げたレジェンド、吉井達夫と大川彰も思い出の地に帰ってきた。

スタンドを躍動させた生徒たちの想い

甲子園の晴れ舞台を懸命に演出し、超満員の緑のスタンドを躍らせたのは、在校生による3つのパートだった。

声と気合でまとめ上げる応援団。

スタンドを華やかに彩るチアリーダー。

声援を音で乗せる吹奏楽部。

松山東の応援団は毎年2年生の中から上限7人で有志を募り、1年間という期間限定で活動する。第96代応援団長を務めた石村響も、本来はラグビー部の主将である。だが中学までは野球をやっており、選抜大会出場が決まったときは胸の高鳴りを抑えられなかった。

「甲子園は僕にとっても憧れの場所でしたから。あの大きなスタンドで応援するということで、応援団は臨時団員を募集して6人から20人に増やしました。朝早く登校して練習したり、昼休みをすべて使うために休み時間に〝早弁〟をしたり、とにかくみんなで上手く時間を捻出しました。テスト期間もあったりで確かに大変でしたが、その中でどれくらいやれるのかなと。大きな挑戦だと思って前向きに取り組んだので、まったく苦ではなかったです」

同じく部が存在しないため、チアリーダーも必要に応じて希望者を募る。そのリーダーを務めた大富萌衣は、普段は女子バスケ部のマネジャーだ。

「毎年、夏の地区大会のときに希望者でチアをやっているので、今回のセンバツも昨年のメンバー18人はやるという話になりました。でも、スタンドが広いので18人では華がないということになり、志望者を募って合計40人になりました。試合の2週間前まで全員で揃って練習はできなかったけど、それぞれが動画を撮ってLINEに載せてすり合わせをしたり、なんとか工夫してやりました。立場的に大変だったのは並ぶ順番をどうするかということ。今回から加わった子はダンス部が多くて、やっぱり踊りがうまいので、彼女たちを前に出した方が華やぎます。でも、心情的には昨年の夏もやった子を前にしてあげたい。そこの部分で一番悩みましたね」

吹奏楽部もまた、今までにないほど練習量を増やしていた。部長の西田彪庫が大変だったと回想する。

「愛媛の県大会は攻守交替の時のみ演奏が許されていて、攻撃中は音を出せないんです。でも甲子園では攻撃中ずっと演奏しますから、一気に増えた曲を覚えるだけでも大変なのに、演奏し続ける体力もつけなければなりません。しかもセンバツの前には卒業式での演奏があったし、センバツの後には定期演奏会も控えていて、3つのことを同時にやらなければならなかったんです」

限られた時間の中で各々が精度を高め、選抜大会が近づくと応援団、チアリーダー、吹奏楽部が合同で練習を行うようになった。だが表現したいものが合致せず、意思統一ができない時期もあったという。それでも最後は「野球部の勝利のために応援する」という同じ想いのもとに団結することができた。

準備を整え自信を持って本番を迎えたはずだった。

だが、いざ同窓生でぎっしり埋まったスタンドと向き合って、応援団長の石村は不安がよぎったという。

「自分の声がスタンドの隅々まで届くわけではありませんし、どうしても難しいところは出てきてしまうだろうなと」

チアリーダーの大富も、スタンドをひとつにする難しさを感じていた。

「同窓生が本当にたくさん来てくれたのですが、野球部のOBは野球部のOBと、バスツアーで来た方はそのグループでと、みんな東高を応援しに来てくれたのに、最初はなかなかまとまりませんでしたね」

吹奏楽部の西田も勝手の違いを痛感していた。

「普段は音出しをしっかり行ってから演奏を始めるのですが、甲子園では音出しをしない中でスッと吹き始めなければいけない。最初は完璧と言える演奏はできませんでした」

それでも試合が進むにつれてスタンドに繋がりが生まれていった。

チアリーダーの「次はタオルを振る応援なので、ぜひ振ってください」との声に反応してくれるだけでなく、それを自然と隣から隣へ、同窓生たちにも伝達事項がうまく伝わっていった。

吹奏楽部の西田はグラウンドとの距離が縮まったことを実感していた。

「徐々に体も、気持ちも慣れてきて、途中からはしっかりと気持ちを入れた音で選手たちを後押しできたと思います」

応援団も少しずつ存在感を発揮していったが、試合後、石村の中では記念すべきセンバツ初勝利の喜びと、応援団長として十分には至らなかった反省がないまぜになっていた。

「東校関係者ならみんなができる、応援団長が『東高ー、がんばってー、いきま、しょい！』と振って、全員が『しょい！』と声を揃えて選手たちを励ます『気合入れ』が在校生とその周辺にいる何百人の方としか一緒にできませんでした」

だが、それで終わったわけではない。野球部の仲間が勝利したことで、「次」がもらえた。石村は他の団員だけでなく、生徒会の執行部の生徒にも意見を仰ぎ、2回戦では団員の配置を変えて、挽回することを決めた。

そして迎えた3月28日の2回戦。

行楽シーズンの土曜日とあって大量のバスを確保することは不可能だった。また、1回戦から中2日で募集をかけてというのも無理な話であった。そのためツアーは組まれず、加えて在校生も希望者のみとなり、1回戦のようにはスタンドが埋まらないことも予想された。

しかし、そんな心配は杞憂に終わった。

2回戦の方が多くの同窓生が自力で集結し、スタンドを再び緑色で覆ったのだった。

全国から集った仲間たちの母校愛。何年経とうが薄れることのない、いやむしろ年を追うごとに募る感情だ。それぞれの関わりや思い入れの深浅、立場の違いを乗り越えて固く結びつき、ともにあのスタンドを作り上げた。

「2回戦ではスタンドの全員が注目してくれて、自分の音頭に合わせて『気合入れ』をしていただきました。東高関係者みんなの声がまとまったんです。今でもあの瞬間を思い出すとゾクッとします」と応援団長の石村。

あの瞬間――。

「東高ー、がんばってー、いきま、しょい！」

「しょい!!」

7000人で埋め尽くされた緑のスタンド。

そのとき彼らが、ひとつになった。

オピニオン

21世紀枠の存在意義と高校野球100年について

文・篠原一郎

2001年の春のセンバツから設けられた21世紀枠。「選考基準が曖昧」という理由で非難の声も聞かれる。長年、広告会社の立場でスポーツ事業に携わる著者が、ゴルフなどと比較しながらその存在意義について検証してみた。

昨年秋の四国大会初戦、鳴門に完敗した時点で、松山東の一般枠での出場の可能性は事実上消滅。学校関係者は21世紀枠に期待することとなった。

多くのOBは21世紀枠の選考一本に絞って期待したけれども、私は少し違う感情をつぶすことができないでいた。

スポーツ関連事業に20年近く従事していると、死に物狂いで練習に励む選手とその関係者に接する機会も多い。スポーツはフェアでなければならないと身にしみて思う。オリンピックで日本代表の選考結果をめぐって、世の中が騒然とする例を思い出すスポーツファンは多いはずだ。

高校野球は4年ごとではなく毎年開催されるがその代わり、人生のうちで春は2回しかチャンスはない。高校球児にとってセンバツの選考という行為はとても重いはずである。

勇気をもって書くと、これはフェアとはいえない制度だと思う。

選考結果がわかった瞬間は自分の〝分身〟が甲子園に出られるという、夢にまで見た歓びはもちろんあったが、漏れた高校の部員たちのことが頭から消えることはなかった。

昨秋の四国大会出場校でいうと、甲子園常連校の明徳義塾が補欠校になっているが、初戦で松山東に完勝した鳴門はその補欠にすら入っていない。当時の2年生にしてみれば、最初で最後の甲子園のチャンスだったかもしれないのに、明らかに自分たちより格下の松山東が出ることに「理不尽さ」を感じるはずだと私は思っていた。

四国大会の試合前練習やゲームを見れば、鳴門が厳しい練習を積んでいるのが私にはよくわかったからである。

しかし、センバツ開会式の入場行進で「松山東高校」と紹介された瞬間に明らかに前後の高校より拍手が高まったのを耳にし、アルプスのおびただしい入場者を目にし、試合中の大歓声に包まれるうちに、別の考えが私に芽生えるようになった。「甲子園は、こういう県立の普通科進学校の出場を望んでいる」と。

それは「判官びいき」で片付けられてしまうものかもしれない。純白のユニホームもファンの心を惹きつける要素かもしれない。

戦前の甲子園にはよくこうした県立中学が出場していた。愛知一中（現・旭丘）のほか、山形中学（現・山形東）や佐賀中（現・佐賀西）などもしばしば出場したが、半世紀以上甲子園から遠ざかっている。そのなかで高松中（現・高松）や松江中（現・松江北）や、今回松山東が21世紀枠で悲願を果たしたわけである。

つまりこの制度がないと、こうした県立高校にとって甲子園はどんどん遠くなる。

1回戦になんとか勝利した後輩を見て、悪くない制度だと私は少し考えを改めた。

ゴルフでも一般のトーナメントでも、全出場選手の約15%は「主催者推薦」による出場が認められている。一般的には、前年度賞金レース上位者など、選手が苦労して勝ち取ったいくつかのカテゴリーのシード権を行使して出場者は決まる。その残りは、シード権のない海外の大物や国内の人気選手を、主催者独自の判断で選ぶのである。

その結果、トーナメントが華やいだり盛り上がったりする。それを非難する声は聞こえてこない。石川遼はこの枠で初出場して優勝したのだ。

日本オープンではそういう枠がなく、すべての出場者が明確な出場規定をクリアしたうえで出場する。メジャーと言われるゆえんだ。高校野球ではこれが夏の選手権にあたり、一般トーナメントがセンバツと思えば、それぞれの楽しみ方が得られるのではないだろうか。センバツ発表のとき、選手たちからは「OBのおかげ」ということばが聞かれた。確かに秋の戦績だけでは甲子園に届かなかった。しかし1952年に商業科と分離後、すべてのOBが秋の四国大会に行けなかったわけで、それに駒を進めたチームの力と、OBたちが123年かけて築き上げた伝統の合作として実現したものだ。何とも美しい物語ができあがったと私は感動している。OBにとってはこの枠による出場のほうが夏よりも存在意義が高まるとも言える。

鳴門OBの知人を通じて最近知ったのだが、鳴門の選手はこの制度を理不尽と思っていない。秋に対戦した松山東のバッテリーが素晴らしかったので、出場しても当然だし、甲子園で勝っても不思議ではないと思ったそうだ。救われる思いである。

最近は同じ学校が何度も甲子園を制し、プロの各球団に主力選手を送りだすようになった。高校球児のまるでプロのような体格と技量には頭が下がるが、そういう学校だけが優勝するようになると、100年かけて築いた高校野球の人気を維持できるか、少し気がかりではある。

甲子園でのいいプレーを見て、厳しい練習のたまものだな、といつも思わされる。だから報われる喜びも報われない悔しさも非常に大きいわけで、その結果、気持ちあふれる選手の表情が生まれ、それにまた観客は感動する。厳しいスポーツの世界でもあり、教育と文化の面で国民的な支持を得た大会でもある高校野球が、今後どの方向に向かっていくのか。

高校野球100周年。春と比較しながら夏を見るのも楽しみだ。

記者コラム

短期間で戦う集団に変貌した後輩たち

文・宇和上　翼

松山東高野球部の甲子園での日々に帯同し、観察を続けた地元紙・愛媛新聞の運動部記者。かつて自身も同校で背番号1を背負って戦っていた。短期間で成長を遂げた後輩たちの様子をレポートする。

1月下旬に82年ぶりとなる選抜大会に21世紀枠で選出された母校、松山東高。選出前の年末から暇ができれば通い、状況などを確認し続けた。昨夏、1951年以来となる県大会決勝まで進む快進撃や、新チームとなって以降も昨年の県大会準決勝から四国大会までの3試合も目の当たりにした。

練習試合解禁となった3月上旬、松山東ナインの成長を期待した。だが、内子球場での初日は連敗スタート。エース亀岡優樹君本来の四球を防ぐ制球力や、秋から鍛えてきたはずの打撃も、いまいち効果が見えなかった。翌日の試合でも勝利はなし。甲子園切符をつかんだチームの面影はあまりなかった。

そんな状況で、彼らはあこがれの地に乗り込んだ。3月17日の甲子園練習。胸にある「MATSUYAMA」を82年前に初出場したアーチ型に戻した白基調のユニホームは取材陣の注目は集めたが、練習風景は他校と比較すると見劣っていた。おまけに初の一週間以上となるチーム遠征。調整が失敗するのではという不安も頭によぎった。

だがここから徐々に選手たちに変化があった。翌18日は社会人出身ながら2千本安打を達成した元プロ野球ヤクルトの古田敦也さんを輩出した川西緑台高でのダブルヘッダー。1分け1敗となったが、亀岡君は完投し2失点。2試合目は巧打や、控え投手の好投などもあり、緊迫感のある内容。相手も県立校ながら、体格、動きの良さが際立つ選手も見かけられ、愛媛だったら4強入りする実力があると思えるチーム。松山東ナインの動きからも過去に選抜準優勝の実績がある強豪、新田に秋の県大会準決勝で競り勝った戦いぶりを感じさせた。「だいぶ感覚をつかんできました。いけると思います」と試合後に語った亀岡君の表情から自信を感じた。

その後、毎日会場を転々としながら、1日約2時間の練習を行い続けた。雨模様となった日は雨天練習場のある大阪府内の強豪校へ。幅約30メートル、奥行き約50メートルはあろうかという広さに、選手の多くは目を奪われていた。おまけにネットで何カ所も仕切れる構造。ある選手がつぶやいた。「うちより広いわ」。自分自身もそうだったが、普段練習するグラウンドは、サッカー部やラグビー部、ハンドボール部と共用で内野間の面積ぐらい。圧倒されるかと思ったが、選手たちはネットを仕切り、打撃、守備、そしてピッチング練習を手際よく行った。

徐々に顔つきなども変わってきた。大阪近郊の宿舎に定期的に顔を出していたが、日を追うにつれ、バットを手に戻る選手たちの姿をよく見かけるようになった。一人の選手に聞くとこんな返答が返ってきた。「少しでも感覚を養っておかないといけないと思って」。近隣に商業施設やコンビニなどが立ち並ぶ都会の景色にも目を奪われず、甲子園の出番に備える姿があった。

そして試合2日前、高槻市にある球場での練習。「うまくなったと思わんか」と自分が現役時代、コーチとしてお世話になった堀内準一監督がつぶやいた。外野からの中継処理という守備練習での一コマ。明らかに連係力が上がっていた。練習環境が整っている学校なら、現地入り以降は調整練習としかならないケースが多い中、彼らにとって場所は変わっても、すべてが普段の練習場所より広いスペース。外野を交えた守備連係など普段実施できない練習ができる、ありがたい環境だったのかもしれない。

また、そんな日々を過ごす中で自信ができたのだろうか、記者というより先輩として親近感があったのかもしれないが、ナインの表情や会話からは、遠征に疲れるどころか、充実感が伝わった。主砲の米田圭佑君は「甲子園でホームランを打てそうな気がするんです」と意欲的に語れば、亀岡君は「右打ちが絶好調で、いい感じです」。そんな会話なども聞き、彼らはこの遠征で力が付いていると思い、「きっといい戦いはしてくれるだろう」と直感した。

そして甲子園。その直感が当たった。

亀岡君が1回戦で先制のタイムリーを流し打ちで決めて優位に立ち、1点差で勝利。2回戦でも、米田君の先制弾で終盤までは優位を保った。過去の愛媛代表チームが力を出し切れず、初戦で涙を流す光景を何度も見てきた。甲子園で勝利する、力を発揮することの難しさを痛感しているだけに、彼らの躍進には目を奪われた。

10日間以上になった長期遠征の中で、松山東ナインは徐々に戦う集団になっていった。環境の変化を前向きにとらえ、自分たちの糧にしたのも、躍進の要因だったのだろう。周囲の興奮に惑わされず、実力を伸ばした後輩の底力も見た、忘れられない甲子園出張となった。

M
MATSUYAMA

M

ZE
岡医療大學
大塚商会

お茶といったら伊藤園
お〜いお茶
伊藤園
兵庫県民共済

M

SUZUKI
わかさ生活
大同生命
大日本住友製薬

M
1
MATSUYAMA

MATSUYAMA

6
5
1

ATSUYAMA
東海大学

女子大

O.T.K.
生命

エスリード
大日本塗料

フジ

日本ペイント

特別読み物　ショートショート

甲子園の魔物

作・田丸雅智

新世代のショートショート作家・田丸雅智（松山東高OB）も、
母校のセンバツでの躍動を熱い思いで見ていた。
そんな彼が今回、スタンドに詰めかけたOBたちを
モチーフに特別読み物を寄稿してくれた。
星新一の孫弟子が描く、
摩訶不思議な短編小説をお楽しみあれ。

「外に仕事場を構えたらしいじゃないか。いいよなあ、金に余裕のあるやつは」

久々に再会した友人に言われて、おれは大きく首を振った。

「いやいや、全然そうじゃなくって」

「ウソつけよ。印税生活なんて夢のまた夢だなあ。作家はうらやましい限りだよ」

ボヤく友人に向かって、おれは強く否定する。

「だから、ちがうんだって。これにはわけがあるんだよ」

「なんだよ、自慢話は勘弁だぞ」

「それが、じつはいま大変な目に遭っててね……。仕事場の話も、それと関係してることで」

「大変な目？」

「ほら、おれの母校が甲子園に行っただろ？　六十年前に優勝したとき以来に」

「そうか、おまえ、E高だっけ」

「そう、仕事場のことは、あの歴史的快挙と関連してることなんだ」

「甲子園と仕事場が……？」

おれはうなずいて、ことの顛末を語りはじめた。

甲子園出場が決まったときのことは、よく覚えてる。

いくら文武両道をかかげる学校だと言ってもだ。甲子園となると次元のちがう話だから、にわかには信じられないニュースだった。まさに、良い意味で激震が走ったというところかな。

興奮の波は、OBたちのあいだにあっと言う間に広がった。すぐさま同窓会が立ちあがって、大応援団が設立された。尋常じゃない騒ぎのなかで、おれたちは試合の日をお祭り気分で待ち望んだ。

試合当日の朝。おれは同窓会の組んでくれたツアーに申しこんで、みんなと一緒にマイクロバスで出発した。

車内は異様な熱気に包まれていた。母校が甲子園に出場する。言葉にすればたったそれだけのことが、こんなにもみんなを結束させて、熱くさせてくれるのだと考えると、なんだか神秘的な気持ちにさえなった。朝早いにも関わらず、バスのなかには眠っている人は一人もいない。それぞれが近くの人と試合展開を予想しあって、ああでもない、こうでもない、と議論の限りを尽くしている。おれもそれに加わって、すっかり舞いあがってしまっていた。

と、話が途切れたところで、誰かがこんなことを言いだした。

「じつは、うちのじいちゃんが前に優勝したときのメンバーなんだけど……」

おぉぉ、と、声があがった。それは縁起がいいなぁと、周りのみんなが盛りあがる。

でも、と、そいつはつづけて口を開いた。

「そのじいちゃんから妙なことを言われたんだ……甲子園の魔物には、くれぐれも気をつけろって」

おれはすぐさま応じて言った。

「甲子園の魔物かぁ。勝ちを目前にして大逆転されたりする、よく聞くあれのことだよな。甲子園じゃあ、最後の最後まで何が起こるか分からないっていう」

だけどそいつは、柔らかくそれを否定した。

「いや、それが、たとえ話なんかじゃないらしいんだ」

「たとえじゃない……？」

「うちのじいちゃんは、その甲子園の魔物というのが実在するって言って譲らないんだよ」

「……その話なら、おれも聞いたことがある」

前の席のやつが身を乗りだして、会話のなかに加わった。

「近所のじいさんが言ってたよ。その人は当時、応援団に所属してたみたいなんだけど、魔物が魔物がって言い張るんだ。記憶がおぼろげになってるのかなって思ってたけど、まったく同じことを言ってたな」

興奮気味にそいつは言う。

「そのじいさんは、こう言ってた。勝負の根本を左右するのが地力の差なのは、間違いない。だけど甲子園には時に魔物が現れて、気まぐれに運命を変えてしまうことがあるんだって。六十年前に優勝した背景には、どうやらその魔物の力を抑えつけてたことも関係してるらしくって。自分が魔物を捕まえて、力を抑えこんだって誇らしげに語ってたよ」

「もしかして、その人かな……うちのじいちゃんが言ってたんだ。魔物は高校生の姿になって応援団に加わっていることがある。その魔物を発見して、あのとき捕まえてくれた人がいたんだって」

賑やかなバスのなかで、自分の周りだけが一瞬シンと静まりかえった。

ようやっと、なんとかおれが口を開いた。

「……おいおい、これは大ごとだ。それが冗談だったらいいけどさ、もしも本当だった場合にだぞ。その魔物とやらのせいで勝てる試合を落としたら、目も当てられないじゃないか……」

にわかに不安が襲ってきて、打って変わって試合前から負けたような気分になってきた。

不意に一人が、ぽつりと言った。

「……なあ、おれたちで、その魔物が出てこないように見張っておいたらいいんじゃないか?」

視線が集まり、そいつは言う。

「そもそもだ。おれたちは何をしに行くんだよ。ただ観戦しに行って、ぼんやり席に座ってるのか? これは、おれたちに課された使命だよ。勝利の邪魔をするやつは、何であろうと、おれたちの力で抑えつけてやるのが役目じゃないか?」

おお、と、目の覚める思いがした。瞬間的に、熱い思いが湧き起こる。

周囲でも、賛辞の声が叫ばれた。

「よく言った!」

「大賛成だ!」

「球児の努力に水を差すやつがいるのなら、おれたちの手で葬ってやるべきだ!」

おのおのが叫びながら、目をギラギラさせていた。

「……じゃあ、そういうことで決まりでいいな?」

おれが切りだし、周りの意思を確認する。深いうなずきが返ってくる。

「よし、そうと決まれば同窓会本部に連絡だ。みんなに呼びかけて、協力を仰ぐんだ!」

おれはすぐさま、別のバスに乗っている同窓会長に電話をかけた。

最初は戸惑ったような声が返ってきたけど、電話の向こうでざわざわと相談がはじまった。しばらくすると、賛同を伝える言葉が戻ってきた。どうやら本部のなかにも魔物の話を知る人物がいたようで、OB総出で動くことが満場一致で決められた。

ただし、プレーに集中してもらうため、選手たちには魔物のことは伝えない。そして応援に集中してもらうため、現役E高生たちにも気づかれないよう動くこと。それが条件としてOBたちに指令がくだった。今こそE高の力が試されている。OBたちの意気ごみは物凄く、バスの中はよりいっそうの盛りあがりを見せていた。

現地につくと双眼鏡とトランシーバーが調達されて、応援席の巡回準備が整えられる。

そしておれたちは、普通の応援団とは少しちがった心持ちで、試合開始の合図を待った。

サイレンが鳴り響き、球児たちが駆けていく。

緊張感に包まれながら、E高初戦が幕を開けた。

ＯＢたちは自分の持ち場に目を光らせながらも、手に汗握って応援した。金属音がカーンと響いて、白球が飛んでいったり転がったり。一球ごとに一喜一憂を繰り返す。

猛暑のなかで、時間はじりじり流れていく。

四回表にE高四番のツーランが飛びだすと、応援団は一気に押せ押せムードに突入した。

二点リードのまま、あっという間に試合は進み、七回、八回と無失点。

残すは九回だけとなる。

「魔物とやらも、この試合には出なかったな」

おれは巡回メンバーとすれちがいざまに言いあった。

「まあ、おれたちの熱に押されて出てこられなかったってところじゃないかな」

「はは、そうかもな」

九回裏。相手の最後の攻撃がはじまった。

ショートゴロでワンアウト。

ライトフライでツーアウト。

瞬時のうちに、ラストバッターが打席に立った。

さあ、いよいよ甲子園での勝利のときだ。そう思って拳を握った、そのときだった。

「あっ！」

緊張でピッチャーのコントロールが狂ったか、相手バッターにボールが当たって
デッドボールとなってしまった。最後の最後で、ツーアウト一塁の場面となる。

——どんまい、どんまい、もうあとひとりだ——

心の中で祈るようにつぶやいた。

だけど、デッドボールで動揺したのか、つづくバッターにはフォアボールを与えて
しまった。ツーアウト、ランナー一、二塁……。

そのとき突然、トランシーバーからおれの名前が響いてきた。

「おい！　おまえのいる真横の列、座席数より人がひとり多くないか⁉」

遠くを巡回していた友人からの声だった。

「魔物だ！　甲子園の魔物が出たぞ！」

叫ぶ友人に、おれは慌てて列を見た。

「急げ！　そいつを見つけて捕まえるんだ！」

「いま探してる！　どいつが魔物か、そこから分かるか⁉」

「分からない！　なんとか探しだしてくれ！」

次の瞬間、わあっと大きな悲鳴があがった。相手バッターがヒットでつなげ、ツーアウト満塁となっていた。一打同点、長打が出れば逆転サヨナラの大ピンチ。

――甲子園の魔物――

おれの中で嫌な言葉がこだまする。

「E高のみなさん！　隣に知らない人がいたら、手をあげてください！」

おれはなりふり構わず叫んでいた。

「誰か！　知らない人はいませんか!!」

魔物の出現を知ったOBたちは、タイムをとるよう応援席からベンチに必死で訴えた。しかしその声は、大歓声にかき消されてしまって届かない。

バットを短く持つバッターに、ピッチャーが汗をぬぐって振りかぶる。テンポよく、三球つづけて投げられる。

ツーボール、ワンストライク。

「誰か、隣に知らない人はいませんか!?」

甘い球を打ち損じてくれて、ファールになる。

ツーボール、ツーストライク。

「誰か！！」

おれの必死の形相に、E高生たちもざわつきはじめた。

そして、スリーボール、ツーストライクと、フルカウントになったとき――。

「あの！　この人、知りません!!」

列の真ん中から声があがり、急いでそっちを振り向いた。男子生徒が腕をつかまれ、逃げだそうと抵抗していた。

「そいつだ！　頼む！　そいつを捕まえてくれ!!」

すぐさま駆け寄り、おれは身体を取りおさえる。激しくもがくそいつを引きずり、急いで廊下へ連れていく。

その刹那。

場内が大声で満たされて、仰々しいサイレンが鳴り響いた。

おれはとっさにトランシーバーに叫んでいた。

「どっちになった!?」

しばらく無言がつづいたあとで、友人の声が返ってきた。

「……勝った！　勝ったぞ！」

友人は興奮の絶頂だった。

「勝ったんだよ！　E高が!!」

頭の中が真白になって、おれは呆然と立ち尽くす。

「おい！　聞こえてるか!?　一回戦突破だぞ!!」

友人は、おれの名前を連呼する。

E高が勝った……。

あまりのことに、おれは思考停止に陥っていた。一気に力が抜けて、へなへなと廊下に座りこむ。

しばらくたって、そういえば、と、ぐるりと周囲を見渡した。どこに消えたか、さっきまで押さえていたはずの魔物の姿はどこにもなかった。

生ぬるい風が吹き抜けて、頭の中はぐらぐら沸騰しつづける――。


「……ってことがあってね。それから先の試合の結果は、おまえも知っての通りだよ」

おれは当時の余韻に浸りながら言葉を継いだ。

「残念ながら優勝には手が届かなかったけど、おれはよくやってくれたと思ってる。野球部の彼らにも、悔いは残ってないんじゃないかな。なにしろ彼らは、自分たちの実力をすべて出し切って終われたんだ。甲子園の魔物に惑わされることなくね。だからおれたち応援団も、むしろ、すがすがしい気分だな」

「甲子園の魔物ねぇ……」

友人は、夢を見ているような目でつぶやいた。

「不思議なことがあるもんだなぁ……」

どうやら彼は、おれの話を信じてくれたようだった。

「ほんと、不思議な体験をさせてもらったと思うよ。それも含めて、野球部には感謝だな」

「なるほどねぇ……」

と友人は、不意に首をかしげながら言った。

「甲子園の話は、まあ、分かったよ。でも、さっきの話に戻るとだ。それと仕事場の話とは、どうつながってるっていうんだよ」

「それが、問題なのは甲子園自体の話じゃなくて、魔物の話のほうなんだ」

「魔物のほう?」

「甲子園から帰ってきて、残暑に浸ってぼんやり試合を回想してたときだった。気がつくと、リビングに知らない青年が座りこんでいたんだよ。そいつは甲子園で捕まえた、あの魔物だったんだ」

「なんだって!?」

「おれも最初は目を疑った。でも、紛う方なきヤツだった。魔物はどうやらおれについて、応援団のバスにまぎれてついてきたらしいと悟ったときには、すべては手遅れ。捕まえて、むりやり外に追いだそうとも、いつの間にかリビングに戻ってきてる。甲子園の魔物は引っ越して、我が家の魔物になったんだ」

おれは深い溜息をつく。

「まあ、居候が住みついたくらいなら、まだよかった。さらに問題だったのが、おれの周囲で不運なことがつづけざまに起こったことだ」

「いったい何が……」

「執筆の仕事で予期せぬことがつづくようになったんだ。本の刊行間近にトラブルが発生して、発売が保留になっただろ。締切直前にパソコンが故障して、編集者から怒りの電話が殺到した。それから、書き終わった原稿データが壊れてしまって開けなくなった。おれは次第に理解した。すべては家に居ついたヤツのせい――予期せぬことを引き起こす、魔物のせいなんだということを。だからおれは、仕事場を外に構えるしかなかったんだ。魔物の力から、なんとか逃れるために」

「なるほどそれで……」

友人は唸りながら口を開いた。

「……で、なんとか不運はおさまったのか？」

「ウソのように仕事のトラブルはなくなったよ。だけど、魔物は我が家にいるわけだから、家の中でのトラブルはつづいてね。こればっかりはどうにも対処のしようがなくて、おれは泣き寝入り状態になったわけだ」

「それは運がなかったなぁ……」

友人は、同情するような口調でつづけた。

「良い解決策が思い浮かべばいいんだけど……」

「それが、じつはひとつだけ心当たりがあってねぇ」

おれの言葉に、友人は顔をあげる。

「……というと？」

「E高野球部に、とにかくがんばってもらうこと。そしておれは、それを全力で応援すること。これに尽きると思っていて」

なぜならば、とおれはつづける。

「魔物を追いだすためにはだ。ヤツをうちより居心地のいい場所に、むりやり連れていくしかないんじゃないかと考えたんだ。それじゃあ、どこに連れていくか。その場所は、ひとつだけしかないだろう？」

「なるほどね」

ニヤリとする友人に、おれは言う。

「そう、だから野球部のみんなにはがんばって、あの場所に何としてでも再び行ってもわらなくちゃいけないんだよ。魔物の元々居たところ——灼熱のざわめきに満ち満ちた、甲子園という、あの魔窟にね」

第7章

開かれた新たな扉。

～2015年春・東海大四戦ドキュメント～

大会史上最長となる、83年目の春1勝をあげた松山東ナイン。
興奮の余韻も冷めやらぬまま、3日後、運命の2回戦を迎えた。
両者譲らない息詰る攻防のなかで、
勝敗を分けた分水嶺はどこにあったのか。
そして知られざる、球児たちのエピソードとは。
ベテラン記者が見つめた渾身のインサイドストーリー、第二幕。

文・西下　純

メンタル戦は試合前から始まっていた

2回戦までの準備期間は2日。

松山東ナインは限られた時間の中で東海第四戦に備えた。エースは右の本格派・大沢志意也。1回戦、二松学舎大付の左腕・大江とは正反対のタイプであり、対応力が要求される。例によってデータ班はフル稼働していた。また投手・亀岡は、疲れを取ることに専念。他の各選手は調子の維持と向上を図った。そしてチームプレーの再確認など、各々が出来るだけのことをやろうとしていた。

1回戦の余韻に浸ってはいられない。しっかりと切り替える、はずだった。

だが実はこの時期、「選手は1回勝ったということで、満足してしまったところがありましたね」と堀内監督が振り返る。

無理もないところではある。大熱戦の末、大方の予想を覆して松山東は初めて、春の1勝を成し遂げたのだ。しかも大会前の目標は「1勝」だった。

もっと言えば、スタンドで観戦していた卒業生たちも同じことだった。1回戦でナインが甲子園でプレーする姿を見ただけで満足。先取点で大満足。接戦を見せてもらえて大、大満足だ。ましてやその接戦を制し、校歌を歌えたのだから、もはやどう表現すればいいか分からないほど感激していたのが実情だ。

OBたちに喜んでもらいたい、というのも松山東ナインのモチベーションであり、それを実現できたことがさらに満足感を喚起したことも、当然の成り行きだろう。


その1回戦を勝ったことで、松山東はより注目校となった。

東海大四の大脇英徳監督が「(試合当日)高野連関係者の方から何回となく『アウェーだから、大変だよ』って言われました」と苦笑したほどだ。

その東海大四だが、松山東とはまた違った意味での厳しい練習環境に晒されていた。北海道の高校であり、札幌市は本州で秋の気配を感じる11月ころに雪が降り始め、数カ月間グラウンドは使えなくなる。東海大学グループということで〝野球学校〟にも思われがちだが、入部してくる生徒たちの多くは、地元の軟式出身であり、特別な選手を全国から集めてくるわけでもない。そこからスタートして、工夫を重ね、前年の夏・甲子園1勝、甲子園に出たぶん新チーム作りが遅くなった同秋でも北海道大会優勝と、キッチリ結果を残してきた強豪だ。

加えて、大半がそう考えたように東海大四サイドも、二松学舎大付が勝ち上がると考えていた。裏返せば、そこに勝ち上ってきた松山東に対し、最初から非常な警戒感をもって臨んでいた。大脇監督は「松山東さんのデータは、1回戦のものしかありませんでした。ただ、うちも野球の力はありません。メンタルゲームだ、と」と緩みを戒め、自身にも生徒にも言い聞かせていた。

東海大四が仕掛けていた、ある戦法

試合は、松山東が先攻。初回、いきなり試合が動いた。

2死二塁から四番・米田が大沢の甘く入ったスライダーを強振、ライナー性の打球が左翼方向へどんどん伸びていき、そのままスタンドに飛び込んだ。先制2ランだ。1回戦は緊張からバットの出が悪い、と感じていた米田だったが、この試合は〝入り〟から「集中力を高めていけました」と普段の自分を取り戻していた。「打球が低かったのでまずは走ることに一所懸命で、入る瞬間を見てなかったんです。あれはもったいなかったですね」と、笑いながら振り返る。しかしそこは、主将だ。「うれしかったんですけど、早い回だったので、浮かれるわけにはいかない、とも考えてました」と話した。

勝つなら先制～逃げ切り。堀内監督はそう考えており、初回の2点はこれ以上ない、理想的なものとなった。

ただこの試合では、ひとつ、1回戦（二松学舎大付戦）とは違ったものがあった。

それは、松山東スタンドの大声援に対する、相手チームの感じ方だった。

二松学舎大付は、イニングを追うごとに、松山東の応援団のプレッシャーが重くのしかかってきた、と市原監督は振り返っている。しかし、東海大四の大脇監督は試合前から「アウェーですよ」と周囲に〝脅かされ〟、実際に試合が始まるといきなり、エースが2ラン本塁打を献上した。「あのホームラン、あの歓声。『甲子園』というものを肌で感じさせられました。スタンドの圧迫感が、たまらなく苦しかった」と、そのアウェー感を試合が始まるなりずっと、真正面から受け止め続けた。

一方で、このスタンドの圧力は、松山東にもかかってくる可能性があるのでは。そう大脇監督は冷静に分析していた。「ものすごく期待されている。選手たちはそれに応えたいとも思うはずです。その期待をプレッシャーに感じてもらえた時、うちにもチャンスが来るのでは、と思っていました」と言う。

そう、東海大四は『待ち』の戦法を仕掛けてきたのだ。

例えば二回。1死から八番・有田がバントヒットで出塁。一塁側アルプススタンドはおおいに盛り上がり、押せ押せムードに包まれた。だが、続く松下はバントをファウルするなど追い込まれ、走者がスタートを切ってのバントエンドランもファウル、スリーバント失敗。有田はその後、盗塁を決めて初回にヒットで出塁した清水のところで得点圏に走者を置くことはできた。しかし清水が放った打球はレフトのグラブの中へ。追加点の好機を逃した。

そして三回。2死無走者から、満塁となり絶好のチャンスが巡ってくる。が、ここも東海大四・大沢が必死の投球を見せて、松山東は得点ならず。

このあたりから、潮目が変わってきた。

松山東打線は四回から七回まで、大沢の前に1人の走者も出すことができなかった。先制〜逃げ切りの展開に、どうしても『追加点』を挟みたい。堀内監督は「回を追うごとに、焦りを感じ始めました」と打ち明けた。

守りは四回1死一塁を併殺で切り抜ける。しかし五回、2死から連打で一、三塁というこの試合、三回2死一、三塁に続いての、大きなピンチを迎える。東海大四の好打者、一番の冨田が、亀岡のインコース低めの直球をとらえた。鋭い打球が一、二塁間に飛ぶ。これを一塁・山田海が横っ飛びで好捕。ファインプレーでピンチを切り抜けることができた。

だが、防戦の度合いが高まってきたことは、誰もが感じ始めていた。

ここで、グラウンド整備が行われる。その間、一塁側アルプスで、応援リーダーを中心に行われたいつもの「がんばっていきましょい」のコール。1回戦ではやや、ばらつきもあったが東高の学習能力（?）で、この一糸乱れぬ掛け声は文字通り、大甲子園を揺るがした。停滞、いや、リードはしているが押され気味となってきたゲームを、押し戻そうとした思いを集約したスタンドの大コールだった。

本来ならば松山東アルプスの声は、相手を威圧することもできたのだろう。東海大四・大脇監督も「あの一致団結の声は、すごかった」と述懐する。だがしかし、大脇監督はじめ東海大四の選手たちは試合開始当初から、いや試合開始前からこのアウェーの雰囲気を感じ、受け止め続けてきた。そんな彼らの身がすくむことはなかった。

六回表、松山東の攻撃。先頭の亀岡が初球をたたく。センター後方への大飛球となったが、最後のひと伸びに東海大四のセンター・渡瀬が対応。倒れ込みながらもこの打球をつかんで1アウトをもぎ取った。続く山田海の打球は三塁後方への小フライ。今度はショートの冨田がこれもジャンピングキャッチで大沢をもり立てた。さらに山田大の鋭いライナーはライトの守備範囲内に飛んでしまう。追加点が、どうしても奪えない。

六回裏、東海大四の攻撃。1死三塁という大ピンチを亀岡が連続三振で切り抜ける。さらに七回1死一塁では二ゴロ併殺でしのぐ。東海大四がじわじわとかけてくる圧力に松山東の守備陣は必死で耐え続けた。

堀内監督が試合を振り返って呟いた「焦り」。

それは、動ける場面を模索する中で表出した。

指揮官の決断と、その苦悩

迎えた八回が、勝負の分水嶺となった。

その表、松山東の攻撃。直前に三塁後方への飛球を好捕し、気持ちも入っていた先頭の石山が左前打。久しぶりの走者が出た。

三番・酒井。ここで初球をバント。だが投手への飛球となる。1死一塁。それでも仕掛けたい。仕掛けられれば、1回戦（二松学舎大付戦）同様、今度は相手を揺さぶることができる。

「チャンスがあれば、走れ」――。

東海大四のバッテリーが、堀内監督の指示を察知した。鋭いけん制に、石山は誘い出されて一、二塁間でタッチアウト、2死無走者に変わってしまった。

だが、ここからだ。続く米田の打球は低いライナーとなり、左翼手の出したグラブをすり抜けるように、ワンバウンドで左中間フェンスに達する。三塁打だ。打席には1回戦で3打点の亀岡。大沢のスライダーをしっかりととらえる。打球は三遊間へ。これをまたしてもショート・冨田が逆シングルで好捕、振り向きざまの送球は、しっかりと一塁手のミットに収まり、松山東はまたしても追加点のチャンスを逃してしまった。

流れ、というものを感じることがある。

例えば二回2死二塁で、やや無理をした盗塁ではなく、しっかりバントを決められたものだったら。この八回も、バント失敗とけん制死が重なった後の2死三塁。これがきっちりしたプランに沿い、その延長線上にあったチャンスであれば。「～たら、～れば」は禁物だが、また違った結果が生まれたかもしれない。

八回の攻撃について、堀内監督は自らの采配に非を認めた。「初戦の仕掛けに僕が酔ってしまいました。色気というか、甲子園に酔った結果ですね。石山に難しいサインを出してしまった」。そして「そうでなければ、あの亀岡の打球はヒットになっていたかもしれません」と続けた。確かに1回戦、バントかと思えばエンドラン、初球スクイズも決まり、ベンチの策は相手守備陣を翻弄していた。

また東海大四は、グラウンドを使えない冬を越えたばかりの春の大会でありながら、ショート・冨田を初めとする幾多の好守が次第に松山東を追い詰めていった。「甲子園に来るチームというのはそうした守備力も、バッテリーの配球も、全然違っていました。レベル、というものをずっと感じさせられながらの2試合ではありました」と堀内監督。だからこそ、ここを打破するための仕掛けがやはり、必要だっただろう。

堀内監督は自身の欲、色気に対する反省を口にする。だが本当に甲子園に酔ってしまった指導者ならば、選手の力量を考慮しないようなサインであったり、さらには相手を苦しめさえしないような突拍子もない指示が出るなど、もっと身勝手な采配が多く見られる。ゲームプランを完遂できるに越したことはないが、相手もそれをさせまいと必死だ。ましてや甲子園に出てくる高い能力のチームと、あの大舞台で戦う中でのことだ。少なくとも松山東と対戦した2人の監督は、そうは見ていなかった。

「(開会式前日のリハーサルの日に行われた)監督対談で感じたのですが、堀内監督の『選手はやってくれそうな気がする』という信頼には感心しました。甲子園に来れば、監督は普通じゃなくなっちゃうんだけど、あれだけ選手を信用できるなら試合も期待できるだろうな、と思いました」(二松学舎大付・市原監督)。

「1回戦をテレビで見ていて、選手のことを信用、信頼している、大切に思っていることが伝わって来ました。(監督が)自分の野球を出す、というよりも選手に合った采配をしていると感じましたね」(東海大四・大脇監督)。

その場、その場で、最善と思う手を打った。選手も何とかしようともがいた。結果的に、得点には結びつかなかった。

八回裏、東海大四の攻撃。先頭打者が三遊間へ緩い当たりを放った。ショート・石山が必死の前進から一塁へ投げた球が逸れ、1ヒット、1エラーで無死二塁。直前に、けん制死を喫した石山。この先頭打者は六回、亀岡の大飛球を好捕した渡瀬。野球というスポーツにおいて、何度も見られる対比だ。直前のプレーに気をよくして、あるいはそれを気にかけて。

そんな、単純なものではないようにも思う。が、なぜかそうなる不思議が、野球に、甲子園に人を惹きつける。

とはいえ松山東にとっては、それどころではないピンチだ。バントを決められ1死三塁。続く金村の打球は無情にも、浅く守っていたレフト・清水の頭上を越えていく。東海大四が1点を奪い、松山東のリードはわずかに1点。さらには次打者・山本の、二塁後方への小飛球が、松下が必死に差し出したグラブの、わずか先をかすめてセンター、ライト、セカンドの間に落ちる。二塁打となって1死二、三塁。ここで東海大四の四番・邵《そう》が、亀岡の直球を振り抜き、二遊間突破の逆転2点タイムリー。怒涛の猛攻に晒されて、松山東は試合の終盤でこの大会初めてリードを許す、非常に苦しい展開となった。

九回の松山東。2死ランナーなしから八番・有田が追い込まれながら、大沢の決めに来た142キロに食らいついて、右前打で望みをつないだ。代打・竹中湧も追い込まれてから、ファウルで粘ったが――。

最後は、空振り三振。

『まさか』の1回戦突破、フロックでないことを証明した2回戦の健闘。

松山東、82年ぶりのセンバツはここで、終わった。

歴史を動かし、新たな扉は開かれた

東海大四の大脇監督は、過去になかなか2回戦の壁を破れず「絶対ここを勝ちたかった」という。同校がこのあと快進撃を続け、北海道に52年ぶりの準優勝旗をもたらすことになった。

大脇監督は松山東を「本当に自然体。ベンチワークもそうだったし、選手たちが僕らに挨拶する感じも、挨拶〝させられている〟という様子がないんですね。自然なんです。だからこそ、やりづらかったですね。苦しい試合でした」と評した。その苦しさを乗り越えて「健大高崎戦も、浦和学院とも楽しんでやれました。負けるなら2回戦と思っていたので、準優勝のターニングポイントは間違いなく松山東戦ですね」と実感を込めて言った。

戦い終えた堀内監督はやはり、勝てなかった悔しさを隠そうとはしなかった。そして124年目の野球部の歴史に『センバツ初勝利』という新たな1ページを付け加えながらも、それで良しとはしなかった。松山東も、同校野球部もこれからまだまだ伝統を積み重ねて行かなくてはならない。

「せっかく行かせてもらった甲子園です。1球の怖さも身をもって知ることができました。また、次々と試合がこなされていく大会運営や、試合そのもののスピード感も、すごかった。

それを経験した2、3年生も含め、どう伝えていくか。この経験を生かすも殺すも、これからなんです」と話した堀内監督。

センバツでの2試合。松山東はいずれも先攻で戦った。伝統、という意味では「3点や4点負けていても『ここからじゃ』というのが、僕の知っている東高の野球。選手は素直ですが、後攻で盛り返していくだけの精神力はまだない。だから先攻を好んで取るようにしています。その精神力を作っていくのも、今後の課題ですかね」

いい宿題を、たくさん抱えて、松山東は甲子園を後にした。

実は、米田主将と亀岡は敗戦後、甲子園の土を持ち帰らなかった。「負けた日の土、なんて縁起が悪いなあと思ったし、甲子園の思い出というなら、この悔しさと、景色を目に焼き付けておこうと思って」と米田。亀岡はシンプルだ。「夏、もう1回、来たいですから」。

徹底した達観と謙虚さを貫いて戦った2試合。それは生徒や卒業生のみならず、高校野球ファンの多くに、驚きを持って、そして好意的に受け入れられたはずだ。

また、甲子園に出る、ということは彼らの試合ぶりを楽しみ、応援するにとどまらない。疎遠だった卒業生同士を再び引き合わせてくれるのも甲子園。

組み合わせ抽選の日に、不思議な縁が結ばれた。

抽選を終え、松山に戻る前に堀内監督、大屋部長、米田主将は会場にほど近い食堂で、昼食をとった。案内された席のすぐ近くには、敦賀気比の一行が。もちろん篠原涼主将の姿もここにあった。篠原主将は抽選を引き当て、選手宣誓をすることになっていた。

そして、開会式。

高校野球100年、松山東の出場という大会の特徴を熟考して、篠原主将の宣誓文には短歌が織り込まれていた。

グランドに
チームメートの
笑顔あり
夢を追いかけ
命輝く

その敦賀気比は、松山東と熱戦を演じた東海大四を決勝で下し初優勝。センバツに新たな歴史を加えた。主将同士は今も、メールを交換しているという。

これもまた、甲子園だ。

第8章

夢見る頃を過ぎても。

~7000人分の1の心模様~

夢にまでみた甲子園という大舞台。
ナインは躍動し、アルプスも大きく揺れた。
あと一歩、近いようで遠かったベスト8。
だけど甲子園は、ナインたちは、多くのものを与えてくれた。
また、夏に。
道のりは容易ではないだろう。
でも、きっとあの場所で会おう――――。

文・津川晋一

場内に響き渡る、東海大四の校歌。

そして両校のナインが、アルプスへ走り一礼する。

その様子をみながら、彼がつぶやいた。

「でも、本当によくやったよ。アイツら、やっぱすごいよ…」

じっとグラウンドの選手たちを見つめていた僕に、彼が言葉を繋ぐ。

「勇気をもらえた、なんて言葉は綺麗事だと思ってた。でも今回ばかりは違うな。本当にそういう気持ちってあるんだな」

僕らはその2試合の一部始終を、バックネット裏で見ていた。

そして同時に、アルプススタンドの様子も、見ていた。

ホームベースの真後ろにある、傾斜のついたバックネット裏。そこから見えるアルプススタンドは、鮮やかな真緑に彩られていた。

アルプスから伝わるパワーは、尋常ではなかった。

真ん中に陣取った在校生はもちろんのこと、その周囲で溢れ返っていた大人たち。おそらくは、その多くが世代を超えた同窓生だったはずだ。

応援団に合わせて懸命に声を出し、おそらく何十年ぶりに叫んだであろう、「気合い入れ」と「がんばっていきましょい」。

スタンドが揺れる、という表現は甲子園の常套句だけど、比喩でなく本当に揺れているように感じた。

そこにいた7000人のみんながみんな、普段から決して野球好きというわけではないはずだ。野球部OBだってほんの一握り。サッカー部、ラグビー部、ボート部、コーラス部、そして帰宅部…。

体育会系、文科系、問わず在学中いろんな立場だったOBがアルプスに詰めかけた。

彼らは、母校、とか、同窓生、とかそういう類のことを日常で意識することすら、もう少ないのかもしれない。

だけど、彼らは集まった。

だから、彼らは集まった。

憧れのグラウンドに立ち、ダイヤモンドを駆け回り、躍動する後輩たち。

眩《まばゆ》いほどに輝いて見えるのは、少し年をとったせいなのか。


僕らは、あのころ思い描いていた自分に、なれているのだろうか――。


今から20数年前。

彼は母校のエースナンバー「1」を背負っていた。

お祖父さんは、松山商業が春夏通じ初めて甲子園で優勝したときのエース。「一年生に豪傑が入ってきた。制球に難あれど、球は滅法速い」と噂された猛者だ。その血筋を思いっきり引いていたのだろう。孫である彼も新一年生で入部したときには早くも球速130キロを超え、ちょっとした話題にもなっていた。

彼もまた本気で甲子園を目指していた。

高校入試の結果が出るとすぐに、センスのある目ぼしい仲間を、自ら勧誘してまわり入部させた。1年目の夏の大会が終わり、秋季大会が近づく頃には、即戦力として期待されていた。

野球が上手くて、足も速くて、リーダーシップがあって。喧嘩も強くて、〝悪ズボン〟を履いて、ちょっとヤンチャもやったりして。当然だけど、女の子にもモテた。そんなヤツが、どの時代にもいただろう。憧れの存在だった。

僕は小学6年生のとき『熱闘甲子園』を見て涙を流して以来、その感動を伝える側にまわりたいと思っていたから、野球部に入ることはなかったが、それでも自分にできる限りのことは手伝っていた。

彼らのチームが甲子園に連れて行ってくれる、本気でそう信じていた。野球漫画『タッチ』の南ちゃん（の男版）、くらいの気持ちでいた。

だけど、そんなに事は上手く運ばなかった。

現実はそんなに甘美な世界じゃない。多くの人々に、いつかのタイミングでそれが訪れるように、挫折は突然やってくる。

秋の大会直前、彼の右肩が悲鳴を上げた。そして年を越すまで、投げることすらままならなくなった。

メスを入れることは回避できたものの、球威はもう戻ってこなかった。

10年ぶりの3回戦進出。最後の夏、それが精一杯の成績だった。


40代半ばを迎えた彼の職業は、今どきの言葉でいうならビジネスパーソン。簡単に言えばサラリーマンだ。高校を出たあと、ちょっとばかり苦労をして2年浪人。入った大学は「略せば〝東大〟だから」と苦笑する。

無敵だと思っていた自分がそうじゃないと気づき、故郷を出てちょっと苦労もした。社会の厳しさというやつも味わったりして、彼はずいぶん丸くなったと思う。

数万人規模の会社に就職した彼は、見事なまでにスーツを着こなし、対人関係でも細やかな配慮ができる大人になった（ホントは当たり前のことだけど。笑）。あの頃の彼を知っているから、オトナになったな、と改めて思う。ヤンチャな性格を封印して、社会で生きていくために、自分を押し殺すすべも身につけた。変わってゆく名刺の肩書きから察するに、早い出世コースを歩んでいるようにも見えた。

彼と再びキャッチボールをしはじめたのは去年の夏前だった。

東京都中央区にある空き地。高層ビルに挟まれて、太陽が差し込むのはわずか3時間ほどだ。公園、と呼ぶにはちっぽけなその場所で、僕らはときどきキャッチボールをするようになっていた。

理由はなんてこともない。「日頃の運動不足を解消したいから、久々にキャッチボールしない?」。そう彼から声をかけられ「いいねぇ」と僕はすぐに実家から古いグラブを取り寄せた。ただ、それだけだ。

僕は野球部ではなかったが、彼の速球を受けることには慣れていた。ミットにいい音を響かせてボールを収めることは、シロウトにしては割と上手だったと思う。それ以降だから、およそ20数年ぶり。

ちょうどその頃、母校の快進撃がはじまっていた。

あれよあれよという間に地方予選を勝ち進む。そのニュースは松山を遠く離れた僕たちの耳にも聞こえてきた。

〝おい、あと2つ勝てば、甲子園だぞ。〟

〝いや、高校野球はそんなに甘くない。〟

〝でも、今年のメンバー、最強らしいぞ。〟

〝いやいや、期待された年も過去も何度だってあったんだから。〟

そんなふうに、ショートメッセージで語り合っていた。

フェイスブックやブログなどに、次々とアップされる同窓生たちの投稿。

だけどここで浮かれたら、ツキが逃げちゃうんじゃないか。まだだ。まだ期待しちゃいけない。どこまでも慎重な姿勢を崩したくなかった。

そして母校は予選決勝にまで勝ち進んだ。さすがに僕らも興奮を隠すことは、もう出来なかった。

〝甲子園に出れたら、応援行こうか。〟

〝いいねえ。生きてるうちに最初で最後かもね、こんなこと。〟

結果はあと一歩、だった。


「ちょっと相談があるんだけど」

そう彼に言われたのは、今年の春先のことだった。良い意味で図太い神経を持ち、彼はそれなりに社会で逞しく活躍していた。相談、なんていう柄でもないから、正直言って少し驚いた。只事《ただごと》ではないと容易に察しがついた。

いつもなら普段着で、陽気に酒を酌み交わす。真っ昼間から、スーツ姿の彼と喫茶店で向き合っていることに違和感を憶えた。

「実はさ…」と切り出した彼の口からは、痛切な言葉が飛び出してきた。家族を守るため身を粉にして働き、人一倍結果を出してきたはず。しかし現実は時として冷酷で、決して努力が報われるとも限らない。

少しだけ感傷を込めて言うならば、彼は人生の岐路に立たされていた。目標をクリアしていくことに快感を憶えていたあのころ。未来という言葉は、夢や希望という言葉と一緒になっていた。

あれからかなりの月日が流れた。

掛け算や割り算で計れるほど、世の中は単純じゃない。現実と向き合い、何事も思い通りにはならないことも十分に知った。折り合いをつけるすべを身につけ、なんとか踏ん張っている。なのに。

理想と現実のギャップ。その狭間で彼はもがき苦しんでいた。

僕らは、あのころ思い描いていた自分に、少しは近づけたのだろうか。

あのころの僕らが、いまの僕らを見たら、何を感じるのだろうか。

1回戦、夢すら見ることのなかった、甲子園での校歌。

そして2回戦、前夜。

深夜のショートメッセージ。

〝興奮して寝れなくて、リビングで一人飲んでるよ。笑〟

〝爆笑。遠足前の子どもかっ！〟

〝本当だね。〟

〝どうせ眠れないならYouTubeで1回戦でも見たら？〟

〝もう見てる。〟

〝ウケる〜！　そら興奮するわ。〟

〝でも1勝したから、気分的にはラクに試合が見れるよ。自分たちは行けなかったけど、こうしてオマエと甲子園で母校を応援できるなんて、想像もしなかった。〟

〝ホントにね。笑〟

きっと、こんな風なやりとりが、其処彼処《そこかしこ》でされていたんだと思う。東京で、大阪で、夜行バスの中で、そして松山で。

だから、2回戦もアルプスがあれだけ鮮やかな真緑に染まった。

時にメガホンを天に翳し、時にタオルをグルグルと回す。

お互い見知らぬ相手でも、〝母校〟や〝同窓生〟そんな共通項だけでアルプスがひとつになっていた。在校生も、大学生も、新社会人も、お母さんも、お父さんも、おじいちゃんも、おばあちゃんも。老若男女みんなが一緒になって、グラウンドにいる選手たちに、声を枯らすまで、ありったけの声援を送った。

がんばれ。

あと少しだ。耐えろ。

粘れ、きっとチャンスはある。

気持ちを切らすな。

まだ終わっちゃいない。

がんばれ、がんばれ――。

ありったけ送り続けたエール。後輩たちに向けられたその声は、もしかしたらあの頃の、そして今の、自分たちにも向られていたのではないか。


すべてが終わり、黄昏時《たそがれ》を迎えた甲子園。

気のせいだろうか、家路へ急ぐ人は少なく思える。同じ場所で、同じ時間を共有したことに、名残惜しさを感じているかのように。

人混みの流れに身を任せながら、彼がつぶやく。

「ツライとき、前より少しがんばれるんじゃないかって思う。今日のことやグランドでのアイツらのことを思い出して、もう少しがんばれる気がする」

センバツに際し、メディアでコメントを求められた選手たちは、殊勝《しゅしょう》なまでに先輩たちへの敬意を示した。

「今までの先輩方の伝統の重みを感じながら1戦必勝で戦っていきたい」

「(野球の)成績もあるが、たくさんの先輩方が伝統を作ってくれたおかげ」

「自分たちの力は1割。あとは先輩たちが築き上げた伝統の力です」

だけど連れてきてもらったのは、むしろ僕らのほうだ。

〝甲子園〟という三文字だけで、アルプスの気持ちがひとつになれた。

明日からまた、いつもの日常がはじまる。

顔や背中には、母校の名前なんて書いてないから、街中で通り過ぎてもお互いが同窓生だと分かることもないだろう。あの時、同じアルプスで、想いをひとつにしていたことも互いに知る由もないはずだ。

それぞれが、それぞれの世界に戻り、さまざまなことに悩み、いろんな思いを抱えながら、前を向いて生きてゆく。

夏に、また。

いつか、あの場所で――――。


甲子園から都内の自宅に戻った深夜。

スマートフォンに、一通のショートメッセージが入った。彼からだった。

「家に着きました。色々とありがとう。まさか甲子園で勝てると思ってなかったし、今日も本当にいい試合だった。俺たちも頑張らないとね」

そして最後に、こう書き添えられていた。

「また来週、キャッチボールしような」

第9章

その後の球児たち

〜大学、社会人、プロ、指導者で活躍したOB〜

過去に1000人以上ものOBを輩出してきた松山東高野球部。
進学校という側面もあり多くは高校でユニホームを脱いだが、
その後も、白球を追い続けた元・球児たちも少なからずいて、
なかにはプロ野球選手になった者も4名いる。
同校野球部を経て東京大学野球部でもプレーした著者が、
自らの体験を交えながら、その後の彼らを追った。

文・篠原一郎

松山東高OBによる同窓対決を

大学野球では、先発メンバーの発表時と選手が最初に出場するときに名前と背番号と出身高校がアナウンスされるので、いやでも選手の出身校が観客に刷り込まれる。テレビ中継やスポーツ紙のスコア、連盟のホームページなど、選手と出身校は不可分の関係である。最近は強豪校の選手があちこちの大学に分散するものだから、同じ出身高校選手同士の対決を日常的に見ることができる。

プロ野球でも同じことが言える。海の向こうメジャーリーグでは一度だけだったが、PL学園OB同士の対決も実現した。桑田真澄（パイレーツ）と松井稼頭央（ロッキーズ）である。いつか、松山東出身者同士の対決が、プロの世界でとは言わないまでも中央の大学球界で実現しないものかと、母校の甲子園出場とは別の夢を私は見続けてきた。

1936年、東京六大学で初の同窓対決があった

1925（大正14）年秋に始まった東京六大学リーグ戦で、初めて松山中学OB同士が対峙したのは1936（昭和11）年5月10日。松山中を初めて甲子園に導いた武井潔は法政大

の八番・右翼で、甲子園の土を踏むことなく卒業した福井正夫（1931年卒）は帝国大の三番・右翼で、ともに先発出場。3対2で法大が勝った。

攻守交替でライトの位置からダグアウトに戻る武井と、同じ守備位置に向かって走る福井は、イニングごとにすれ違ったはずである。そのとき「ナイスバッティング」とか「ナイスプレー」などとエールを送りあったのだろうか。松山中で後輩だった武井のほうが、帽子のひさしを指でつまんで挨拶を交わしたかもしれない。

同年10月、法大対帝大の2回戦では、松山中が甲子園4強に入ったときの捕手・竹内博が法大の先発で出場。帝大の福井も出場していた。福井が打席に入ったとき、竹内はキャッチャーマスク越しに何を囁いたのだろうか。

そして翌37年、春のリーグ戦・法大対帝大2回戦。法大からは竹内と武井、帝大からは福井が先発出場。両軍合わせて3人の松山中OBが揃って出場した。競争の激しい東京六大学で、3人とも不動のレギュラーとは言えず、この3人が同時に出場したのは、在学中この1試合のみとなった。

飛行機もなかったこの時代の東京・神宮球場で、遠い故郷・松山の仲間がどういう思いでこの試合を戦ったのか――。目先の試合を勝つのに必死だったかもしれないが、私が78年前にタイムスリップすることができるとしたら、何が何でもこの試合は観戦に行くことだろう。

戦前の学制では、武井と竹内は松山中から法大に入っているが、福井は松山高（現愛媛大学）を経て帝大に入学している。それゆえ福井の出身校は松山中ではなく松山高と記載されている。つまり、学制改革前の帝大は他の五大学より年上の選手がプレーしていた。

武井と竹内は福井卒業後もプレーをして、１９３４年に法大を卒業した。その２人の卒業後、松山中出身の選手として六大学リーグに残ったのは、帝大の倉橋憲明ただひとり。倉橋は１９４０（昭和15）年・秋のリーグ戦で初登板を果たし、最上級生となった翌年も３試合に登板したが、残念ながら法大に行った松山中の先輩と対決する機会はなかった。

スポーツ新聞のテーブルスコアには、出場選手の出身高校が記載されるのが通例だ。スポーツ紙に掲載された「篠原（松山東）」という文字を見たのだろう。倉橋が、一度だけ合宿所にいた私に電話をかけてきたことがある。「昭和17年卒業の倉橋と言います。松山東高校ということは私の後輩だから、ぜひがんばってください」

その時の私はまだ倉橋の名を知らなかった。だが今となってみれば、その短い会話に込められた彼の気持ちはよくわかる。

次にその名前を聞いたのは、松山東高野球部ＯＢに知らされた彼の訃報であった。一度でも挨拶に行けばよかった。心の底から悔いた私は、後輩である現役の大学野球部員たちのもとへ積極的に足を運ぶようになった。倉橋の想いを引き継ぐように、彼らを激励するために。

全国制覇した仲間たちも東京六大学で対峙した

1950(昭和25)年の全国優勝のメンバーのうち、一番打者・吉井(在学時は柏木姓)達夫と四番打者・宇野秀幸と五番打者で商業科の土居国彦は、翌年そろって東京六大学の世界に入った。

4年間ほぼ法大のレギュラー捕手として活躍した宇野は、最上級生時には主将として活躍した。優勝を一度も果たせなかったものの、通算73安打は、東京六大学でプレーした松山東OBの中では空前絶後の大記録である。六大学で主将を務めたのも宇野だけである。吉井も法大ではチーフマネージャーとして活躍しており、歴代主務として名を連ねているのも松山中・松山東を通じて吉井だけである。

宇野が法大のマスクをかぶっている間に、土居は明治大の選手として何度も打席に立った。甲子園で全国制覇の喜びを分かち合ったこの2人が打席とホームプレートの至近距離でどのような会話をしたか大変に興味がある。宇野は土居に「おい、調子がええねや」と囁いたかもしれない。点差が開いていたときは、次の球をこっそり教えたり、土居が後ろを振り返らずに「次何を投げるんぞ。教えてくれや」と頼んだりしたかもしれない。一切の私情を殺して味方の勝利のために無言を貫いたかもしれず、興味は尽きない。

2人ともほぼ同じ時期に亡くなっているが、自分たち以来の母校の甲子園出場を、天国でどういう思いで見つめているのだろう。その会話を聞いてみたいものだ。

プロ野球選手になった4人のOBたち

総理大臣になったりノーベル賞を取ることもすばらしいが、野球部のOB会では、最高レベルの野球界に入った人はもっと尊敬されるべきだと私は思っている。社会人やプロに進んだり、今も学生野球の指導を続けるOBにはただ脱帽するしかない。

帝大の福井や法大の竹内が大学に入った1930年代前半、日本ではまだ現在のようなプロ野球は始まっていなかった。プロ野球のリーグ戦が始まったのは1936(昭和11)年のことであり、プロリーグが誕生した後も、戦前は六大学野球の人気や実力をプロ野球が上回ることはなかった。当時の写真や映像を見ると、神宮球場はいつもたくさんの観客が集まっていて、今とは隔世の感がある。武井や竹内も神宮のスター選手だったようだ。

高松から東大を出てプロ野球に入った松家卓弘という投手がいた。彼は勝ち星こそなかったが、何度も一軍のマウンドを踏んだ。私は彼を大学の後輩として見る一方で、ライバル高校出身の選手として意識をしていた。松山東史上5人目、東大史上3人目(当時)のプロ野球選手になることを密かに狙っていた私は、かわいい大学の後輩であるはずの松家に対しては「高松高にやられた」という思いを持ったわけである。

メジャーリーガーになったOBこそいないが、プロ野球選手は4人輩出している。そのうち3人は1950（昭和25）年に同時に入団している。全国優勝した年ということを考えると、松山東高野球部にとって「神が宿ったような一年」だったともいえる。この年は、プロ野球が2リーグに分立するという、80年のプロ野球史上最大の変革が起きた年でもあった。

山崎明男（1939年卒）は、明治大と大西製紙を経て（途中で母校の監督にも就任）、戦後広島カープ創設メンバーとして入団した。29歳になる年のプロ入りであったが、15試合に出場し42打数8安打、2割2分2厘という打率を残した。1年でプロ球界から再度社会人球界（伊予鉄道）に戻り、地元では母校で2度目となる監督や、NHK松山の解説をつとめた。

2人目は森雅功（1940年卒）。彼は旧制高校である松山高商（現・松山大学）、社会人の大連満州倶楽部を経て、50年に27歳で大洋（現・DeNA）に入団し2年間プレーした。ルーキーの年は主に代打で66試合に出場、打率は3割3分8厘にのぼった。2年目は成績を落としたものの、通算では2割4分2厘の数字を残し、2年でプロ球界を去っている。ただ、プロの世界でホームランを放ったOBは彼をおいて他にいない。

3人目の金井満盛（1950年卒）は、できたばかりのパ・リーグの大映スターズ（現・千葉ロッテ）に入団した。高卒ルーキー2年目としての数字は決して低くはなかったが退団。高校を出てわずか2年間のプロ生活だった。

前の2人は松山中時代のOBであるが、金井は松山一高での3年の夏を終えた直後に松山商との統合を迎えたので、野球部としては松山一高時代の選手となるが、卒業時の校名は松山東となるので、プロ野球年鑑などの表記は松山東―大映となる。この校名を最終学歴としてプロ野球に名を残しているのは後にも先にも彼ひとりである。

そのほかに山内良雄（1943年卒）は金星に入団したが、公式戦出場は果たしていない。

社会人野球の華・都市対抗に出場したOBたち

社会人野球の世界に進んだOBは、プロよりは多いが、大学野球にくらべれば格段に少ない。大西製紙の山崎明男や大連満州倶楽部の森雅功のように、プロのキャリアの前後に社会人野球の世界に進んだOBもいたが、最初に都市対抗野球に出場したOBは前述の宇野である。ニッポンビール（現・サッポロビール）の補強選手としてであった。

次に後楽園の舞台に立ったのは、松山商大から大倉工業に進んだ花山弘暉（1960年卒）だ。彼は1965（昭和40）年に高松市（四国電力）の補強選手として登録。救援投手として登板し勝利投手となっている。松山東OBが都市対抗野球で勝ち星をあげたのは、花山だけである。その2年後、今度は大倉工業として出場したが、補強選手の兼ね合いでコーチ登録となり、大倉工業のユニホームを着て後楽園のマウンドを踏むことはなかった。

最多出場はOB会長の一色隆士（旧姓・山下、1967年卒）だ。慶應大学を卒業したその年から、松山市代表として丸善石油で大活躍。電電四国の補強選手の時期も含めると7度も出場し、本塁打も放っている。都市対抗野球で本塁打を放った松山東OBは他にいない。

一色のほかに松山東から慶應大に進んだOBは、鈴木宏通がトヨタ自動車で1度、木脇護が三菱自動車京都のメンバーとして、あるいは日本新薬の補強選手として4度も出場している。だが木脇が出た1986（昭和61）年を最後に、都市対抗野球に出たOBはいない。

大学野球で全国大会に出場したOBたち

甲子園で四国の高校は春夏合わせて26回も優勝しているが、四国の大学が全国大会で優勝した例はない。優秀な球児が関西や首都圏の大学リーグに進み、そこで腕を磨くからだ。

その四国の大学での最高位は1965（昭和40）年の松山商大（現・松山大）の4強である。準決勝の立命館大戦では八回までリードしていたが、九回、延長十回と続けて失点、惜敗している。このときの主力選手・大澤征司（1963年卒）は、今も松山大野球部OB会長をつとめている。

「わしのエラーで負けたんじゃ」

大沢のその発言を詳しく追及したことはないが、4強で終わった痛恨の思い出は生涯忘れられないのであろう。

東京六大学や関西六大学に進んだOBは大勢いるが、不幸にもそれぞれの低迷時代に入り、なかなか全国大会に出たOBはいない。従って、その低迷期に全国大会に出場したのは、ほとんどが松山大か愛媛大の選手として、四国リーグを制した場合だった。

最近では愛媛大が2015年春の四国リーグを制し、2回生の乗松凌太が全日本選手権の舞台に立った。OBとしては、2008（平成17）年の第57回大会、同じ愛媛大の高岡恭平と岡本拓磨（いずれも2007年卒）以来、7年ぶりの出場である。

明治大に進んだ村上貴哉、関西学院大に入学した杉村駿、そしてこの乗松が、全国優勝を目指して神宮球場で暴れまわってくれたらこれほど嬉しいことはない。

なお、2015年のセンバツで野球部副部長として尽力した高橋健太郎（1990年卒）が愛媛大時代に全日本選手権で本塁打を放っている。OBが全国大会で放った唯一の本塁打なのだが、彼はセンバツ出場を置き土産に転勤。現在は大洲農高の監督として毎日ノックバットを振っている。

高校野球には春のセンバツと夏の選手権があるように、大学球界にも春の全日本選手権と秋の明治神宮野球大会とふたつの全国大会がある。

明治神宮野球大会は1970（昭和45）年に創設されたのだが、愛媛大が全日本選手権常連の松山商大をさしおいて、栄えある初代の代表に就いた。初戦でコールド負けを喫したものの、荒柴敏夫（1969年卒）が出場している。明治神宮大会に出場したOBは彼のほかに、第三回大会（1972年）の松山商大のメンバーに複数いるほか、井上彰久（1980年卒・松山商大）と宮本淳平（2001年卒・慶應大）がいる。

大学球界での個人実績は、宇野秀幸のほかには一色隆士の通算4本塁打が光るが、伊藤慎哉（2001年卒・京都大）の通算63安打も出色だ。伊藤は首都圏や関西でベストナインを獲得したただひとりのOBだが、ベストナインで言うとほかに井上が四国リーグで、魚脇智彦（1990年卒・岡山大）が中国六大学で受賞している。

東京六大学でベストナインの選定が始まったのは1954年の秋。もしもう2年半早くこの制度が始まっていたら、3割を打って打撃成績9位だった宇野秀幸も、同じシーズンでやはり首位打者を争った土居国彦（1951年商業科卒・明治大）も選ばれていたかもしれない。松山東OB2選手となれば、地元でも騒ぎになったことだろう。

私が経験した首都圏唯一の〝投打の対決〟

東京六大学で見てきた同窓の対決は、外野手同士や、捕手と野手というものばかりで、投打の対決は、首都圏のリーグ戦ではなかなか実現しなかった。

最初に実現したのは1979（昭和54）年秋、六大学リーグ戦が始まって54年、松山中で野球部が創立されてから87年を経たときである。慶應大の4年生エース鈴木宏通（1975年卒）と東大の新人だった私、篠原（1978年卒）は2人とも一浪したので、大学でかろうじて重なっていた。私は1年の秋になんとかベンチ入りし、多少は浪人のブランクを取り戻していた。試合は大勢が決していたし、当時の東大・大沼監督が同窓生対決の最初で最後のチャンスを実現させてくれたのだろう。

結果は三球三振である。鈴木宏通はその秋6勝をあげる大活躍。私は必死でバットを振ったがかすりもしなかった。

秋の陽を浴びた鈴木の表情が晴れやかであることはハッキリとわかった。東大相手に大差の完投勝利目前、余裕綽々というところだ。「よう出てきたな、最後の試合に間にあってよかったな」と顔に書いてあった。一方で初打席の私には、笑みをたたえる余裕などなかった。

なお、この試合では八番右翼で木脇護（1976年卒・慶應大）も先発出場していた。1937年秋の法帝戦以来、42年ぶりの〝3人のOB同時出場〟であった。これ以前も以後も、松山東出身の投手と打者の対決は首都圏の大学リーグでは一度も実現していない。両軍合わせてとはいえ、3人以上が同時に出場したことも、これ以後はない。

82年までは慶應大の瀧口斉（1979年卒）と私は敵味方に分かれて対峙したが、私たちが卒業した後は2人が同時に出場した事象も起きていない。

81年、トヨタ自動車で野球を続けた鈴木宏通と3年生になった私は、春のオープン戦で対戦した。今度も打ち取られたが芯に当たったショートゴロということで、若干の進歩を見せることができたのかもしれない。

その年の夏オープン戦で今度は三菱自動車京都と対決したのだが、そこでは木脇がプレーしていた。バスでの移動は三菱京都と東大のナインは呉越同舟となり、すぐに木脇が「俺の隣に座れよ」と声をかけてきて、まわりの選手たちに「こいつは俺の高校の後輩でね」と本当に嬉しそうに話してくれた。高校時代に木脇は愛媛県の表彰選手にもなったほどで、攻走の三拍子そろった名選手であった。ピンチのときは公式戦でもマウンドに上がるほど監督からは強肩が買われていたが、新入部員の私は一度も言葉を交わすことができなかった。私には〝雲の上の存在〟だったが、高校入学時から数えて7年後に、ようやく憧れの先輩に親しく声をかけてもらったのである。忘れることのできないバス移動であった。

関西で実現した同期OB対決

鈴木対篠原の対決以後、首都圏で見られなくなった同窓対決。だが2004（平成16）年、関西学生野球連盟でそれは実現した。投手・武智雄宇と遊撃手・伊藤慎哉（ともに2001年卒）である。高校2年から主力だった2人は新チーム結成直後の秋の大会で分離後初めて松山商を倒し、秋の四国大会にあと一歩まで迫った。武智は同志社大に、伊藤は京都大に進学、主力として活躍した。その2人が対決したのは4年後の秋のリーグ戦、2回戦のことだった。

1回生から出場した伊藤は4回生の秋にベストナインに輝いたが、武智は4回生の秋がリーグ戦デビュー。武智のいた同志社大は優勝もかかっていた。伊藤との対決は初登板から2試合目。緊張していたのは武智のほうだった。

武智と伊藤は同期であり、高校時代に何度もシートバッティングなどで対戦してきた仲間だ。高校時代に持田町で繰り返した練習の記憶が、武智の脳裏に甦った。

緊張はしていたが「ここで打たれたら後々まで同期会で言われ続ける」と考える余裕も武智にはあった。他の京大の打者よりも「打たれたくない」という思いが急に強くなり全力でおさえにかかったのである。

一方の伊藤は、リリーフのマウンドに上がる武智を待つ立場だった。「ピッチャー武智、松山東高校」というアナウンスが流れたときに「松山東が関西連盟の舞台を独占しているような快感」を感じていた。「最初で最後の対決になると分かっていたから、それは嬉しかった」と振り返る。

そんな投手・武智と打者・伊藤の同窓対決。粘った挙句、いい当たりではないが内野安打という結果であった。今も同期で集まるたびに勝負は武智の勝ち、結果は伊藤の勝ちということで落ち着くそうだ。

監督となったOBたち

名選手をたくさん輩出するし、学校の成績もすばらしいが、母校以外の指導者をあまり出していない学校がある。愛媛でいえば松山商は全国屈指の名門であるが、松山商出身の監督の名をほとんど聞いたことがない。あれほど人材がいるはずなのに、である。

松山東や今治西では教員になる野球部OBが多いということもあるかもしれない。松山商OBが母校以外の監督を務め、組み合わせによっては母校を相手に戦うことになるのを、よしとしないのかもしれない。

松山中OBで松山中・松山東以外の監督に初めてなったのは、松山商科大学（現松山大学）を率いた高橋一尊（1948年卒）だ。第6回全日本選手権初出場にチームを導いた。その後も第9回まで連続出場を果たし、復帰して第15回と16回にも全日本に導いた高橋が、大学の監督として全国大会に出場した最初のOBということになる。

甲子園に初めて監督として出場したのは、1971（昭和46）年夏に福岡県の筑紫工を率いて出場した熱血漢・菊池完（1963年卒）である。彼は立教大学に進んだ最初のOB。リーグ戦出場はなかったが学生コーチとして選手を指導した情熱と、筑紫工を甲子園に導いた実績を買われ、75年に立教大の監督に迎えられた。リーグ戦で優勝は果たせなかったが、東京六大学で監督を務めたOBは菊池以外に誰もいない。六大学に限らず、他の首都圏や関西の大学でもいない。

1950（昭和25）年の全国制覇のチームでレギュラーを張った大川彰は、松山商大でプレーをした後、愛媛相互銀行（現・愛媛銀行）野球部の1期生となった。彼は引退後、空位となっていた母校・松山商大の監督をやってくれと頼まれて1年だけ勤めた。当時、四国地区で無敵だった同大学は、その年に全日本選手権に駒を進めている。その後に監督として全国大会の舞台を踏んだOBは出ていない。

なお、この年の松山商大は神奈川大に大敗したのだが、この試合で球審を務めたのがなんと、全国制覇のチームメイトだった宇野秀幸という偶然が起きている。

宇野は大川を見て「ひめぎんはやめたんか」と目を丸くして驚いた。宇野は石川島重工や日産自動車でプレーをしながらも、学生野球の審判をやっていた。1960（昭和35）年秋の歴史的な早慶6連戦も全試合球審をつとめた。後に都市対抗優勝3度の名門・日産自動車の初代監督や、スリーボンドでも監督に就任している。

そんな宇野に対し「少しは松山商大寄りのジャッジをしてくれるのかな」と大川は期待し

たそうだが、慈悲がなかったと笑う。11対0の大敗ではジャッジを寄せる意味もなかったかもしれない。

この大川が率いた松山商大に花山弘暉（1960年卒）が2年生投手として在籍していた。花山はその後も大倉工業で活躍し、現役を退いたあとは同社の監督になり、宇野に次いで社会人チームを率いたOBとなった。後年ロッテで大活躍した仁科時成を育てたが、監督として都市対抗野球出場を果たすことはできなかった。

花山同様、大川も愛媛相互銀行の選手・監督としては都市対抗野球に進出することはできなかった。丸善石油や電電四国など当時の松山市には難敵が多かった。今は残念ながら、クラブチームとして松山フェニックスが存在するのみとなっている。

甲子園に出場した高校野球部の監督では、長らく菊池完が筑紫工を導いたのが唯一であった。松山中が甲子園に出場した1933（昭和8）年当時はまだ監督という制度がなく、出場校では野球部長あるいは野球担当教諭がユニホームを着用せずにベンチにいたようだ。従って、監督として甲子園に出たOBは、この菊池以降では、2015年に82年ぶりに母校を出場させた堀内準一（1985年卒）と、同大会で今治西の監督を務めた黒木太雄（2007年卒）ということになる。

母校を勝利に導いた堀内準一監督の勝利インタビューは、表現しようがないくらい相好を崩したものであった。もちろん何年も指導してきたことが実ったこともあるが、82年の間このときを待っていたOBとしての喜びも加算されるのだ。私を含めて数多いOBがこれだけ嬉しいわけだから、その喜びと監督としての喜びを1人の人間が味わうにはもう容量がないくらいのレベルではなかったのだろうか。

ここで気になるのが、母校以外の監督をするときの心境である。たとえば東京六大学では、他校のOBが監督を務めた事例はない。愛媛県の高校野球界でいうと、今治西と松山東ではまだその事例がない。松山商も長年「純潔主義」を貫いてきたが、今治西OBを監督に迎えたときは地元では大きなニュースになった。

私は毎年、春夏の甲子園で大会前に出る雑誌の特集号を見て監督の出身高校をチェックするのだが、半分強が自分の母校を連れて来ているという印象だ。

愛媛県でも過去に例はいくらでもあると思うが、母校以外の高校を率いる監督が夏の県予選の決勝で母校と対戦したとする。監督は毎日汗を流して死に物狂いで練習してきた教え子と、どうしても甲子園に出たい。目の前に夢にまで見た甲子園が手の届くところにある。そのためにはこの決勝戦の相手を倒さなければならない。その相手は自分が高校時代にやはり死に物狂いで戦ってきた、見慣れたユニホームを身にまとったかわいい後輩だ。私の言葉を使わせてもらえば〝分身〟が自分に向かって必死で戦いを挑んでくる。彼らにとっても甲子園は目の前だ。

こんなつらいことがあるだろうか。

もちろん監督は必死で戦うのだが、負けても〝分身〟の甲子園出場を心の底でそっと祝福するのかもしれない。

そう考えると、やはりOBが監督をやったほうがいい。しかし、県立高校の教員は、同じ学校に居続けるわけにはいかない。監督もいつかは県の他校に移る日が来ることを思うと、私のように感傷にひたることもないのかもしれない。

甲子園が舞台となると、監督が母校と対戦する例は少ないのではないか。

私が知る例が2つある。

1935(昭和10)年夏、このとき宿願の初優勝を果たした松山商は、準々決勝で台湾代表・嘉義農林を延長十回のすえ5対4で辛くも振り切った。このときの嘉義農林の監督は松山商業・初代監督である近藤兵太郎である。映画『KANO』では、31年に嘉義農林が初出場したときのことが描かれている。このときは嘉義農林が準優勝しているが、松山商は準決勝で中京商業に敗れた。映画ではその夜、両監督(松山商で先輩後輩の関係)が食事をする場面があり「こっちが勝てば師弟対決だったな」と松山商監督が呟いた。

その師弟対決が、4年後の1935年夏・準々決勝で実現したのである。このときの近藤監督の心中はいかばかりだったか。

それからさらに73年後、2008(平成20)年の夏、報徳学園出身の西谷浩一は大阪桐蔭の監督として母校を準々決勝で退け、二度目の優勝を果たした。

一色親子の絆は82年もの時を超えた

現在の松山東高野球部OB会長・一色隆士に触れておこう。在学中に全国制覇を成し遂げた四番打者、六大学野球でも本塁打を含む70本以上の安打を放った宇野秀幸を〝部史上最強の打者〟と私は勝手に名づけているが、六大学リーグ戦で4本塁打を放った一色の球歴も申し分がない。慶應大で放った本塁打4本は、OBの最多本塁打記録である。

一色は慶應大を出たあとも社会人の名門・丸善石油の主力として都市対抗野球にも何度も出場した。

実は、一色の父親は1933（昭和8）年の春、甲子園初出場時（松山中時代）に控え選手としてベンチに入りし、一打席だがバッターボックスにも立った。その父親が、隆士の1歳の誕生日に不慮の事故で亡くなっていた。

「父親が着ていたユニホームを、もう一度甲子園に連れて行きたい」。その強い想いから一色は、高校時代に汗と泥にまみれた。在学時はその夢を叶えることができなかったが、2015年の春に母校が悲願の甲子園出場を果たした。

一色親子の野球の絆は、82年もの時を超えて固く結ばれた。

春風そよいだ、その後で。

～21世紀枠で出場してみて感じたこと～

2015年のセンバツが終わって3ヶ月。
学校は、選手たちは、すっかり日常を取り戻した。
強豪校のなかに混じって戦わせてもらった日々。
少し時間が経った今、改めて21世紀枠について考えてみる。
そして、地に足をつけて、また歩み始める。
夏の甲子園という、夢舞台に向けて――。

エピローグ

文・西下　純

松山城と、それを西に臨む東高グラウンドとの間にも、ずいぶん、高いビルが増えた。しかしそれは僕が毎日、このボール遊びに興じていた30年以上も前との比較であり、今の野球部員にはこの景色こそが日常だ。それもまた、しばらくしたら少しは変わるのだろうが、そのスピードは緩やかなものに違いない。

ほとんどの生徒が、松山市内か、その近隣から通う。なにもないと言えば、そうかもしれないのんびりした気候風土と、そこに育つ人柄もまた、昔から、この先当分は変わらないように思う。

僕は高校からさらに東へ10数キロ、山の麓の小さな町から通っていた。現役の野球部員にも同じ町で生まれ育った生徒が何人かいる。その一人、亀岡投手はセンバツでマウンドに立った。82年ぶりの出場で、春、初勝利を挙げた話題校。母校を応援するスタンドもすごかったが、それを取り上げる中央のメディアも、しばらく見たことがないと思えるような扱いだった。松山東のグラウンドで、日常を取り戻した亀岡は「すごい経験でした」と振り返り、そして「やっぱりこっちが落ち着きますね」と、笑った。

似たような感覚を持つ生徒が大半だろうと思われ、だからその校風は、「地方代表」という側面を持つ高校野球に魅力を覚える、多くの人びとに好感された。

もちろん支持率100パーセントは、あり得ない。松山東に対する、というよりも、21世紀枠という選出方法自体に違和感を持つ人も、少数派だろうが根強く存在する。僕の周囲にも、いる。いくつかの理由が、耳に入ってくる。

誰の目にも明らかな形で予選を勝ち抜いた出場校ではない。となれば、甲子園は真の強者同士が真剣勝負を行い、切磋琢磨する場ではなくなってしまう、という思考もその一つ。そう考えるメディアの人間も、強豪校の父兄もいる。

反論は、しない。僕にとっては、それでも心からオメデトウと言ってくれた人がたぶんほとんどだったというだけで、十分だ。

それに、理解できる部分も多分にある。

本人や、親御さんが選択した道として、野球強豪校、甲子園常連校に行くというのは、非常に勇気のいる決断だ。まず、中学までにそうした高校の関係者のアンテナに引っかからなければならない。入学後、高いレベルの、しかも非常に多くの部員の中で、厳しい生存競争を勝ち抜かなくてはならない。

学校側も、そうした生徒サイドの要求に応えられる指導者の存在、練習環境や通学環境、進学、就職の手配、有望な中学生を知っておくためのネットワークなどを常に整え、各地区で好成績を残さなければならない。場合によっては地元出身者が少ないようなチーム構成になったとしても、やはり地域には理解、応援を仰ぐ努力が必要だ。

こうしたことをすべてやってのけられる学校は、本当にすごいと思う。また、そうした環境下でしっかりと育った選手たちには、甲子園という舞台が与えられてしかるべきだし、彼らの投げるすごいボールや、プロのようなホームラン、守備での連係など、どれをとっても心底感心させられる。甲子園のスターは、いつまでもファンの脳裏に焼き付き、語り継がれる。

まあ、そこへお邪魔させていただいた一つが僕の母校ということであり、違和感を持たれても仕方ない。ただ、そんな強豪校関係者すら、歓迎してくれる人の方が多かったことも、繰り返しになるが申し添えたい。

この本に関わるにあたって、当初は他校の人々や高校野球ファン、同じく関係者に、松山東を通じての普遍性を感じていただく、もう少し砕いていえば「万人受け」するようなものがいいかしらんとも考えた。しかしすぐに思い直した。傲慢だ。野球でも勉強でも、東高より上はいくらでもある、いや、そもそも「上」って、何だ？

松山東高野球部の春をおさらいする作業を通じて、選手たちが常に理想に向けて努力を続け、その場その場で背伸びすることなくボールに向き合っていたことに気づいた。彼らのその姿があったからこそ、センバツという舞台は強豪校も、松山東も等しく受け入れてくれたのだ。

開会式の入場曲は「レリゴー」より「ゲラゲラポー」の方が歩きやすいのではないかなどとも思っていたが、「ありのまま」の尊さを後輩たちに教えてもらい、むしろその選曲に敬意すら覚えるようになった。春の、しかもごく一部を切り取ったに過ぎない。わずかであってもこの本で松山東高等学校の姿を正直に描けたとするなら、それだけでも意味はあるのかなと思っている。

あとがき

春が過ぎ、夏の訪れを感じます。

この書籍の最初の取材は5月8日。デザインがほぼ仕上がり、今こうして最後の原稿を書いているのが6月7日深夜ですから、ちょうど1ヶ月。

書籍1冊を1ヶ月で完成するなんて、常識では考えられないことです。つい10分前までの怒涛の日々を振り返ってみると、本当によくできたなと他人事のようにしか思えません。

最初に書いておきたいのは、こんな短期間で完成したのは、奇跡的な出会いと、多くの皆様のありえないほどのお力添えがあったからに他なりません。

昨年末にこの書籍の企画を思いつきましたが、世に出すことに対してずっと逡巡《しゅんじゅん》していました。母校の許可をいただいているのに、この本を出すことに本当に意味はあるのか、必要とされるのかと思い悩み、一度は断念しかけました。

それでも出す。そう心に決めたのは、一編のコラムと出会えたからでした。プロローグで引用された、デイリースポーツの西下純さんの文章。視線がとても優しくて、読んでいて心が温かくなって、すこし甘酸っぱい気持ちにもなって。長年メディアで仕事をしていますが、あんなに人情味のある原稿に触れたのは久しぶりです。あのコラムが僕の背中を強く押してくれたことを、この場を借りてどうしてもお伝えしておきたいと思います。

やらずに後悔するくらいなら、やって後悔したほうがいい。

そう吹っ切れたとき、奇跡的な出会いが一気に起きました。「東高《ひがしこう》」。この2文字はまるで魔法の呪文のように、見知らぬ多くの先輩と後輩との邂逅《かいこう》を生み出してくれました。西下先輩の言葉を借りるなら「こりゃ、大ごとじゃ！」となったのでしょうか（P13参照）。1冊の本を仕上げるために、それぞれが自分の役割を理解して、ときに情熱的に、ときに粛々と、このプロジェクトを進めてくださりました。

残されたページの都合で、そのすべてをここで紹介するわけにはいきませんが、先輩や後輩の皆さんが「東高のためならできることはなんでも」「本になるなんて夢のよう」「これを引き受けなかったら東高生じゃないと、一念発起しまして」とオファーにご快諾くださったことを鮮明に記憶しています。そうやって集まってくださった方々との、短くも濃密なひと月。まさにそれは高校時代の運動会を想起させる、慌ただしくも幸せな日々でした。携わってくださったすべての方々に、ここに改めて御礼を申し上げます。言葉に尽くせぬほど感謝をしています。本当にありがとうございました。

そして何より、その契機となったのは、堀内準一監督率いる松山東高野球部の皆さんの活躍であることは言うまでもありません。今年の夏、そしてこれから先。OBの方々が築き上げた連綿《れんめん》たる歴史を胸に、純白のユニフォームを着た彼らが、そして次に入ってくる未来の彼らが、さらなる目標に向けて飛躍することを心からお祈りしています。

小学6年生の夏、甲子園に魅了されました。長い夏休み、祖父母の家に遊びに行って、当時まだブラウン管だったテレビを喰い入るように見ていました。スポーツを通じて生き様と感動を伝えたい、朧げにそう思いはじめました。大学の卒業論文では、米国から来たベースボールが、如何に日本文化としての野球に変容していったのかを研究しました。そこで正岡子規先輩をはじめ多くの偉人たちと対峙しました。あれから20年以上が経過して、今回の書籍を作る所為は、当時調べていた歴史上の人物と再び対話する旅にもなりました。

今春、僕たちは間違いなく熱い時間を過ごしました。

この先、苦しい時や立ち止まりそうになったとき。この本を開くことで、少しでもあの気持ちを蘇らせることができるなら。明日も頑張ろう、そう思えるきっかけになれるなら、これ以上の喜びはありません。甲子園で活躍した野球部の彼らが、アルプスで見事なまでの声援を繰り広げた在校生の彼らが、彼女たちが、それぞれの立場でまた新たな歴史を刻んでくれることを願っています。

またいつか、時空を超えて、逢えたらいいいな。

２０１５年6月　静かな日曜の夜、東京にて

津川晋一

松山東高等学校野球部OB会明教倶楽部データ

歴代役員一覧（監督、部長、OB会長）
OB会会員名簿
松山中学・松山二高・松山東高公式戦全成績
明教倶楽部その後（卒業後も硬式野球でプレーしたOB）

歴代役員一覧

歴　代　野　球　部　長	
1933~1941	仙波　光三
1942	柏木　清次郎
1951~1954	朝比奈　健吉
1955~1957	柏木　清次郎
1958~1961	中村　一男(監督兼任)
1962~1966	吉川　博
1967	佐伯　勲
1968~1977	片岡　至
1978	高須賀　哲
1979~1983	浜田　守
1984	高須賀　哲
1985~1991	宇和上　正
1992~1993	渡辺　哲朗
1994	居林　市朗
1995	二宮　誠
1996	渡辺　哲朗
1997~1999	白石　将高
2000	渡辺　哲朗
2001	石山　貢
2002~2009	工藤　伸二
2010~2013	高橋　健太郎
2014~	大屋　満徳

歴代OB会長(1982年結成)		
初代	水田　二郎	(1932年卒)
第2代	重松　理平	(1936年卒)
第3代	森　謙介	(1947年卒)
第4代	川本　光明	(1961年卒)
第5代	一色　隆士	(1967年卒)

歴　代　監　督	
1933~1936	柏木　清次郎(野球部担当)
1937~1938	竹内　博
1939~1940	柏木　清次郎
1941	森　雅功(コーチ)
1942	山崎　明男
1946	伊村　堅一朗
1947	柳原　太平
1948~1949	篠永　通夫
1950~1951	中村　国雄
1952	森　謙介
1953	岡本(堀内)逸人
1954	前田　久夫
1955~1957	山崎　明男
1958	中村　一男(部長兼任)
1959	仙波　孝
1960	白戸　徳男
1961	仙波　孝
1962~1964	中堀　真一
1965~1978	稲見　達彦
1979~1982	高須賀　哲
1983	竹田　和彦
1984~1992	中矢　裕司
1993	土田　博健
1994~1999	渡辺　哲朗
2000~2001	池田　紘紀
2002~2006	石山　貢
2007~	堀内　準一

辻井　清太郎
菅野　恒次郎
岩田　廣一
高橋　二郎
曽根　肇
小崎　直方
真鍋　義一
吉村　矩親

1907年(明治40年)

金沢　義一
瀬川　成一
門屋　隼太郎

1908年(明治41年)

阿部　憲太郎
門屋　敏太郎

1909年(明治42年)

古海　敏戈
菊地　橘四郎
古川　寛夫

1910年(明治43年)

大政　正治

1911年(明治44年)

市岡　冬太郎
小村　正一郎
岩田　信一
宇都宮　勝彦
永井　茂

矢野　善吾
兵頭　宗次郎
石田　定信
宮本　陛

1904年(明治37年)

三好　泉
末光　信三
末松　直敬
天草
松井　新七
由井　二時三郎
内田　登一郎
河内　英三郎
大西　岸恵
馬越　貫逸
吉本　一三九
小山　継一郎
中村　新一郎

1905年(明治38年)

安達　東三郎
岡田　光太郎
白石　朝幸
大館　豊
大日方　篤
伊達　泰二郎
佐野　信次郎
山本　新太郎
武田　一貫
芳我　弥佐衛門
松久　徳太郎
白井　伊三郎
長坂　兵五郎
荒木　事吉

1906年(明治39年)

由井　泉

早瀬　佐十郎
白石　慶太郎
長井　音蔵
岩佐　歓二
清家　盈
近田　鶴寸
長谷川　忠泰
加能　一志
黒川　修

1901年(明治34年)

丸山　欽也
竹葉　兵三郎
仙波　茂三郎
松本　博邑
長谷川　徹也
吉田　寛

1902年(明治35年)

大道寺　徹
大内　信汎
菅野　唯次郎
前田　沢治
日浅　栄一郎
原　精太郎
津守　豊治
兵頭　礼三郎

1903年(明治36年)

菊地　秀次郎
羽藤　忠成
宮田　寛治郎
高橋　伊右衛門
砂田　知実
小林　新一郎
山本　隆枝
小田　政太郎
水沼　彦継

1893年(明治26年)

山内　正瞭

1894年(明治27年)

尾崎　敬義
小松崎　龍一
森谷　清一
長屋

1896年(明治29年)

土屋　隆博
矢野　義次郎
宇高　忠高

1897年(明治30年)

矢野
今井
今川
岡田

1898年(明治31年)

伊藤　正慶
山本　通
岩本　勇二郎

1899年(明治32年)

菊地　愛太郎
大西　竹二郎
矢野　悦二郎
江里口　貞夫
齋藤　辰雄

1900年(明治33年)

富田　貫一
岡田　唯一郎
佐野　熊翁
竹村　厚高
津田　敦雄

1922年(大正11年)

長島　操
田内　恒雄
木村　秀夫
池田　政
武智　巌
稲荷　紀
御手洗　義一

1923年(大正12年)

門多　研一
津下　重夫
上木　充
清水　哲作
宮内　管一郎

1924年(大正13年)

三神　福太郎
山田　康雄
山田　忠治
菊地　大八郎
松岡　薫
白石　信則
大原　篤之助

1925年(大正14年)

永井　真蔵
冨田　博美
菊地　健九郎

1926年(大正15年)

重川　渉
木山　慎一
村上　太一郎
小池　進
垂水　正博
藤枝　明
焼田　源一郎

越智　幾三郎
石丸　哲
永友　忍
高橋　薫一郎
園部　忠秀
藤崎　元夫

1919年(大正8年)

松坂　茂
竹原　健一郎
宮川　芳太郎
渡部　満晴
白井　儀十郎
町田　尭
矢ヶ崎　雄太郎
菅野　理太郎
芳我　弥雄
山中　和彦
玉井

1920年(大正9年)

山本　健太郎
西原　理三郎
豊島　薫

1921年(大正10年)

鴨川　正秋
木村　歓一
佐野　高彰
大本　演一
小林　哲次郎
祖母井　之光
村上　隆次郎
泉　増雄
村上　龍一
牧野　龍夫
津下　利男
二神　伝三郎

伊達　楠雄
井上　平一郎
水沼　太郎
松坂　昇

1916(大正5年)

宇都宮　俊夫
川島　修
西岡　等
長野　操
仙波(渡部)光三
奥平　貞俊
島田　友吉郎
古川　洋三
渡部　完
栗田　温雄
野田　国助
鷲谷　久佐衛門

1917(大正6年)

蜂須賀　政基
嶋田(五島)源三郎
吉井　喜直
宇都宮　孝平
松岡　政義
森　圭作
重岡　勇
二神　平蔵
朝浦　茂衛
芳我　文雄
上村　長雄
高須　一雄

1918(大正7年)

笹木　栄一
村上　一夫
大政　四郎
森　明

1912年(明治45年)

菊地　真五郎
山県　誠夫
一色　卓
水野　金生
家木　清次郎
矢野　志加三
重松
小糸　春造

1913年(大正2年)

島田(池川)要
渡辺　留吉
浦屋　確
松良　光男
松川　完一
清水　政視

1914年(大正3年)

伊藤　正一
小林　襄治
天野　圭之助
天野　三郎
高木　秀雄
竹崎　馨
曽根　一郎
明星　正民

1915年(大正4年)

津田　謄三
楠本　智
山田　穣
篠原　誉一
服部　定三
増田　美殖
森川　勇
村田　保常
伊丹　正明

豊田　泰治
平岡　潮

1940年(昭和15年)

伊田　茂
松本　重樹
森　雅功
山内　忍
藤川　正信
野村　要
宮内　宗信
北尾(渡部)康
高部　敬三

1941年(昭和16年)

大橋　晃
竹田　和彦
永見　常重
大西　輝市
鶴原　寿
波頗　豊
二宮

1942年(昭和17年)

石丸　市郎
篠永　通夫
柳原　太平
源本　宏
稲田　邦久
野本　遠吉
才岡　浩三郎
桑原　浩晤

1935(昭和10年)

大西　和正
丹　節寿
熊　美智雄
山下　登
高須賀　伝
沢田　宗彦
藤内　勲
阿部　隆雄
宮崎　正人

1936年(昭和11年)

重松　理平
倉橋　憲明
杉　靖雄
是沢　淳平
矢野　寛
村上　宏
和田　啓次郎
酒井　勝明

1937年(昭和12年)

林　弘
黒田　四郎

1938(昭和13年)

森松　貞利
小野　善広
関本　張次郎
武井　一郎
上村　豊

1939(昭和14年)

吉井　喜水
伊村　堅一郎
兼久　邦夫
山崎　明男
児玉(木村)猛

福田　義之

1931年(昭和6年)

佐野　卯三郎
船田　道綱
辻田　俊一
近藤　俊三
河瀬　伝三
白石　定義
福井　正夫

1932年(昭和7年)

田内　力
石丸　勝人
高橋　文之進
水田　二郎
井手　久平
安岡　半三
林

1933年(昭和8年)

島本　正一
芳野　肇
黒田　寿
野中　憲正

1934(昭和9年)

麻生　義一
竹内　博
名越　親二郎
武井　潔
丸山　茂男
久保田　慎三
富田(岩田)正章
徳本　金一

垂水　正博
西川　末彦
岡本　直
加藤　勉
服部　大次郎

1927年(昭和2年)

栗田(二神)会二郎
松本　大次郎
玉井　豊一
服部　宏彦
土屋　正行
西川　末彦
稲川　治延

1928年(昭和3年)

河野　貫四郎
麻生　政太郎
丸山　孝夫
矢野　進
清水　卓三
渡部　益夫

1929年(昭和4年)

稲荷　又一
藤崎　悦二郎
宮脇　通孝
小玉　秀夫
佐々木　一夫
高市　保広
菊地　敬明

1930年(昭和5年)

来栖　寛
山崎　肯哉
門田　保
戸張　一斉
宮内　義一

山本　博立
松田　昭和
池田　奘三

1958年(昭和33年)

笠崎　優
白戸　徳男
東倉　克興
村上　八須充
中屋敷　武志

1959年(昭和34年)

栢原　諦三
高平　正史
田村　正一
野口　公博
小倉　域延

1960年(昭和35年)

高須賀　哲
名越　武溥
野本　悌二
花山　弘暉
松本　節男

1961年(昭和36年)

越智(大野)洋三
川本　光明
酒井　定昭
篠田　孝一郎
千田　宝一
松本　敏治

1962年(昭和37年)

石丸　善弘
安永　利一
好光　伸汎

1953年(昭和28年)

平松　昇
木本　諫男
薬師寺　真臣
山田　勝彦
片岡　至
宮内　亮浩

1954年(昭和29年)

松本　満
中路　俊弘
尾茂田　光之
寺岡　資郎
大藤　丙子郎

1955年(昭和30年)

田井野　良一
大谷　正和

1956年(昭和31年)

宮内　清
今井　宏
大野　勝重
大野　泰三
栗田　信幸
杉山　道日止
大塚(波木)一郎
橘　隆璋
宮内　健次
村上　任人
門田　昊
永井　秀和
田中　志宣

1957年(昭和32年)

日下部　正樹
露口　勲
村井　正良

石川　達徳

1948年(昭和23年)

丹下　孝三
宮内　利勝
高橋　一尊

1949年(昭和24年)

日野　正

1950年(昭和25年)

阿部　湘一郎
稲田　秋男
金井　満盛
仙波　静夫
篠崎　一都
豊田　俊次郎
中野　武
岡本(堀内)逸人
坂宮　照義

1951年(昭和26年)

宇野　秀幸
大川　彰
吉井　達夫
水野　義彰
菊池　知之
仲田　剛
高野　健
千國　卓三
松本　康司
高橋　永泊

1952(昭和27年)

稲見　達彦
一色　明倫

1943年(昭和18年)

猪野　徹也
曽我部　勝夫
津田　甫
中堀　真一
平岡　貞夫
三浦　寿一
矢野　幸一
山内　良雄
渡辺　弘
宇高　修
瀬川　淳一郎
村上　悟
永尾　操
山口　健次

1944年(昭和19年)

篠永　信義
守野　昭夫

1945年(昭和20年)

後藤　龍雄
矢野　静夫
関　宏康

1946年(昭和21年)

玉井　敏夫
西原　昭
土屋　次郎
高貴　賢三
向井　徹

1947年(昭和22年)

近藤　桂司
仙波　孝
森　謙介
楠田　雅由
大丸　昭光

森本　康司
宮内　昭彦
越智　勝巳
大島　進

1976(昭和51年)

高山　泉美
木脇　護
清水　啓介
角田　三郎
土岐　倫平
徳永　真
脇田　邦政
渡辺　哲朗

1977年(昭和52年)

市川　芳正
相原　俊一郎
大浦　浩次
相原　崇之

1976年(昭和53年)

日野　恵一
白石　享三
上岡　孝
篠原　一郎
足立　正積
吉村　達治
能田　剛志
白形　哲治
石山　光一
柳原　成泰
満尾　大二

1972年(昭和47年)

網本　敏朗
井川　豊
菊川　芳幸
一色　裕二
谷田　英一
公原　千広
寺田　均
前田　孝幸
高須賀　俊行

1973年(昭和48年)

永見　誠基
渡部　勝資
久保　達彰
鷹尾　賢治
佐伯　弘

1974年(昭和49年)

池田　紘紀
井上　康宏
大平　建
沖　康史
高須賀　靖
野中　保夫
高橋　正嗣
津田　康忠
永山　松生
日野　孝徳
丸山　謙二
窪　俊一
玉井　公則

1975(昭和50年)

鈴木　宏通
中川　光弘
郡　正俊
中矢　一也

三好　真愛
小林(土居)宮子
新村(相原)折子

1968年(昭和43年)

相原　純一
大伴　隆夫
門田　剛
近藤　和夫
富田　博
山本　昭典

1969年(昭和44年)

荒柴　敏夫
石田　哲二郎
影浦　秀人
桑原　正明
杉尾　哲男
高橋　二郎
中川　一憲
渡部　忠和

1970年(昭和45年)

谷口　周二
福増　和雄
中嶋　豊
西村 恵理子

1971年(昭和46年)

浅田　信二
岡本　憲昭
清水　謙二
正岡　久志
横山　芳信
三好　史雄
中屋　真一

1963年(昭和38年)

大澤　征司
菊池　完
桑原　毅
名田　一正
夏井　誠
藤田　建夫
三井　環
三好　真悟
永井　良平
木原　靖宏

1964年(昭和39年)

岩崎　正
北　俊剛
盛川　俊治
向島　達夫

1965年(昭和40年)

相村　昌治
坂宮　賢三
小川　郁夫
高岡　法雄
徳丸　泰則
野口　保行
宮崎　律夫

1966年(昭和41年)

奥村　一
中矢　裕司

1967年(昭和42年)

浅田　茂
源田　善啓
伊藤　輝久
一色(山下)隆士
藤井　伸太郎
西林　次男

1990(平成2年)

魚脇　智彦
梶谷(薄墨)隆幸
森本　健一
高橋　健太郎
上野　義文
正岡　康秀

1991年(平成3年)

野本　克央
内山　雅視
松下　徹
河野　祥一郎
西森　大樹

1992年(平成4年)

山本　健元
八東　達
筒井　裕彦
服部　友哉
吉田　治彦
山崎　裕一郎
酒井　克也
宇和上　翼
知足　良隆

1993年(平成5年)

大屋　満徳
高須賀　知輝
脇田　晃典
林　謙太郎
福島　潤一
沖(向井)潤
兵頭　一志
山本　浩史
水口　政人
大西　和徳
河本　康祐

信岡　弘幸
山本　智啓
合田　将祥
山崎　正宣
城戸　康宏
井部　健太郎
東野　挙昭

1987年(昭和62年)

岡田　耕治
井上　仁
三神　拓也
白石　晃一
松木　公博
今村　伸二
石山　貢
橘　肇

1988年(昭和63年)

大渕　善道
笠岡　衛
大原　聖一
黒田　直之
松本　謙一
山本　光昭

1989年(平成元年)

明比　公裕
大沢(上市)哲也
渡部　眞
伊須　慎一郎
松本　聖吾
門岡　康一
大西　一也
伊賀瀬(田窪)千枝
東村　慎一

鐘ヶ江　敏樹
天野　博史
市川　謙三
濱本　定俊
和田　隆志

1983年(昭和58年)

水本　誉
西下　純
五十崎　裕司
高田　智生
阿部　耕至
久松　太久志
天崎　一樹
中原　信

1984年(昭和59年)

高田　晋作
渡部　順一
向井　雅志
和気　智賢
藤田　雅人
近藤　博
大松　益幸
佐藤　浩
竹内　賢

1985年(昭和60年)

小松　秀樹
高橋　与志
堀内　準一
松田　謙二郎
横田　洋
渡辺　利政

1986年(昭和61年)

橋本　浩二
豊田　武志

1979(昭和54年)

瀧口　斉
伊形　理
堀内　滋人
三ツ井　敏泰
鳥山　譲二
坪田　好広
渡部　公宏

1980年(昭和55年)

佐久間(窪田)英二
河原　英司
井上　彰久
林　宏郁
田所　正己
尾花　充彦
土屋　あおい

1981年(昭和56年)

中村　和彦
佐賀　浩一郎
金澤　信利
瀧口　健二
瀧口　康二
宮内　秀樹
山本　雄一
瓜生　朋大
二宮　淳
米田　真

1982年(昭和57年)

越智　晃良
藤田　康二
松浦　高弘
松崎　健吾
倉本　英弘
中畑　康樹
山本　裕幸

高須賀　浩太
堀内　宣典
今泉(近藤)真里子

2003年(平成15年)

関家　昌志
森田(中山)祐輔
平　雄太
富谷　允貴
山本　篤志
菊川　祐輔
松本　甲子郎
重松　翔吾
徳本　哲也
下崎　弘人
首藤　亮太
米山　幸佑
谷田　貴優
土居　久允
高須賀　洋徳
永野　咲
渡部　沙織

2004年(平成16年)

福久　友基
日野　克寿
政石　晃秀
河野　孝志
横山　祐輔
福久　友基
瀬川　雄一
日野　真太
岡田　愛一郎
和田　一帆
政石　晃秀
山本　愛理

築山　茂雄
中村　友則
松岡　亮子
佐野　智咲枝

2000年(平成12年)

仙波　武矩
徳丸　博智
和田　克己
笹崎　卓也
鵜高　正
岡　昌男
灘部　賢治
白濱　洋史
川東　耕自
岩佐　隆宏

2001年(平成13年)

藤村　健
伊藤　慎哉
森山　忠三
金子　聖
武智　雄宇
東　健二
田代　義法
一色　弘明
伊藤　芳和
宮本　淳平

2002年(平成14年)

新居田　靖樹
脇　貴裕
阿部　真隆
亀田　俊
高須賀　圭三
稲田　光朗
加藤　拓朗
平田　雄也

1997年(平成9年)

上田　倫央
上川　正人
友近　拓也
河野　友己
境石　泰斗
河野　洋允
寺岡　良徳
堀口　智也
山田　学
大垣　陽沙江
大塚　真美

1998年(平成10年)

米田　政雄
増田　隆
岡田　泰二
大野　哲朗
神原　晋悟
篠原　陽介
福田　泰三
山内　直人
阿部　雄介
佐伯　亨美
白石　勝範
高岡　健太
高橋　英介
久米　理恵

1999年(平成11年)

野本　敦
藤原　大地
稲川　創
竹内　茂樹
岡部　修三
大久保　寿典
尾崎　真弘
兵頭　潤一

難波(宮本)宇乃
朝日(丹) 恵美子

1994年(平成6年)

今井　淳一
目見田　洋輔
相原　学
窪田　浩一
高橋　誠吾
武智　秀泰
筒井　泰彦
井手　健文
吉田　敏
阿部　良一
大野　克彰
後藤　勝
佐野　泰
二出川　円

1995年(平成7年)

富永　裕之
大上　航太
水本　尚志
藤村　慎也
井上　正雄
和田　晃次

1996年(平成8年)

糸瀬　大祐
上田　陽一郎
高橋　昌希
森田　亮
今村　敬亮
坂田　吉郎
味上　達
二神　圭介
白石　大祐
土居　規美

2011(平成23年)

大植　謙也
辰野　裕康
平尾　公志郎
松本　悟
安倍　義規
渡部　一真
尾崎　慎太郎
黒野　政宏
岡田　貫
伊藤　大晃
原田　龍之助
小笠原　憲人
山口　大仁
葛原　桃子
黒川　志穂
高須賀　勇紀
和田　卓也

2012年(平成24年)

井門　亮太
吉田 刀麻
泉　修平
矢野　友久
﨑山　皓右
新川　洋平
小池　佑太
亀岡　聡貴
井上　哲郎
寺坂　健志
白方　健登
山口　修平
髙岡　春花
森本　舞香

2013年(平成25年)

戎田　孝明
三好　正之

2009年(平成21年)

谷中　文哉
清家　寛
深木　陽平
山田　眞也
大西　亮輔
曽根　遼大
西岡　浩平
仙波　崇
村上　晋一郎
富澤　佳史
兵頭　恵太
横田　浩一
先田　昂平
有馬　雄貴
越智　誠二
関本　賢人
高木　健次

2010(平成22年)

河野　翔平
根岸　尊
池田　佳祐
井上　昂明
武智　大貴
高橋　周平
梅本　勇哉
大野　拓哉
宮植　和希
稲荷　雄太郎
越智　啓介
高須賀　勇紀
中屋敷　量貴
三浦　志朗
和田　卓也
中家　寛貴
渡部　みなみ

益田　総一郎
松本　順
中村　泰輔
山崎　創馬
五百木　俊平
一色　貴史
相原　庸志
尾坂　祐毅
重松　順平
前田　知哉
松岡　大貴
山本　博道
岡本　拓磨
高岡　恭平
武田　勝輝
八東　和樹
中矢　光泰
兵藤　壮亮
吉野(久保)亜祐美

2008年(平成20年)

山内　勝矢
有馬　崇文
大神　直之
桑波田　仰太
塩田　圭介
米山　彰人
葛原　大紀
木村　拓矢
客野　雄希
野本　崇兼
山本　康平
牧野(徳本)雅人
梶原　慎平
二宮　一将
橋本　真実
中家　由絵

2005年(平成17年)

山下　剛
横松　剛
藤原　達展
吉岡　直貴
垣見　知也
松元　康人
横山　知廣
大西　太一
関本　祐太
伊藤　良輔
大久保　康彦
桑村　毅
西浦　慎吾
野本　将司
水口　和也
木原　紗知
田中(岩岡)利奈
峯岸(高須賀)文
中矢　理子

2006年(平成18年)

泉　洋介
河内　貴博
川口　栄介
古谷　祐希
河邊　泰斗
中ノ崎　慎太郎
井上　怜
和田　尚樹
富谷　友皓
西岡　光
満尾　菜摘
高橋　一平

2007年(平成19年)

青柳　洋仁
黒木　太雄

1年生

岩田　和大
森山　史也
木原　研三
桑原　明日美
田中　涼佳
曽根　蒼太
山本　浩暉
渡邉　凌矢
池田　匠
玉井　寛也
青野　遥斗
請田　悠佑
松岡　遼
村上　爽太
新子　智也
亀井　謙吾
窪内　正喜

3年生

亀岡　優樹
松下　洸葵
青野　輝那
桑原　真哉
羽藤　大晟
米田　圭佑
清水　智輝
森脇　夢
酒井　悠佑
石山　太郎
上野　剛志

2年生

相原　大毅
山崎　雄矢
大野　佑基
川合　晃平
國森　雄介
二宮　司
苅山　大晴
三好　康介
山田　大成
有田　虎之介
石丸　美樹
藤本　圭伍
大西　玲太朗
久保　飛翔
嶋岡　泰志
生野　圭一郎
藤原　義樹
向井　飛雄
越智　優
野尻　匠
大野　雄河
竹中　湧
山田　海
片山　幹太
小池　秀太郎
神野　一平
高橋　郁也
弘田　正樹
松下　孔明
東　菜美子
友石　松一郎
打浪　諒太
木戸　隆介
小林　丞
鈴木　雄大
豊島　泰樹
今村　仁
亀岡　瑞輝
二宮　僚悟
青柳　友仁
二宮　信広
田中　翼
森岡　純平
山本　貴裕
上田　勇祐
片山　一成
由井　貴之
浅井　理沙
垣見　江里佳

2014年(平成26年)

乗松　凌太
髙橋　悠
露口　史哉
西村　祐哉
渡部　孝夫
宮岡　玄
岡田　凌
嘉喜山　元
築家　佑介
乗松　孝丞
川田　智裕
仙波　聡美

2015年(平成27年)

國政　隆吾
竹本　太祐
田中　一朗
村上　貴哉
岡田　竜宗
鷲川　裕哉
玉井　滉大
杉村　駿
二宮　匠
河野　真
河合　慎平
上田　将司

松山中学・松山一高・松山東高 公式戦全成績

年代	学校名	季節	地域	回戦	得失点	相手校	備考
1932	松山中学		四国	1回戦	8 - 5	坂出商	
				準々決勝	12 - 1	撫養中	
				準決勝	2 - 6	高松中	
1933		春	選抜	1回戦	3 - 4	大正中	甲子園初出場。大正中のエース藤村富美男。
		夏	中予リーグ		7 - 0	愛媛師範	
					14 - 0	松山商	
					11 - 4	北予中	
			県決勝リーグ		7 - 0	越智中	
					12 - 2	今治中	
					11 - 1	宇和島中	
					9 - 2	松山商	
					1 - 3	宇和島商	
				同率決勝	12 - 0	宇和島商	
			四国	1回戦	10 - 1	徳島中	
				準決勝	7 - 0	宇和島商	
				決勝	7 - 6	高松商	四国優勝、夏の甲子園初出場
		夏	全国大会	2回戦	10 - 1	嘉義農林	
				準々決勝	3 - 2	栃木中	
				準決勝	0 - 4	平安中	全国ベスト4
		冬	県	1回戦	6 - 5	宇和島中	
				決勝	4 - 5	松山商	県準優勝
1934		夏	県	1回戦	13 - 5	大洲中	
				準決勝	9 - 2	今治中	
				決勝	0 - 2	松山商	県準優勝。
1935		夏	県	準々決勝	1 - 4	北予中	松山商全国優勝
		冬	県予選リーグ		1 - 11	北予中	
					2 - 7	宇和島商	
1936		夏	県	準々決勝	15 - 16	西条中	
1937		夏	県	準々決勝	3 - 10	宇和島商	
		冬	県	決勝リーグ	2 - 1	今治中	
				準決勝	3 - 1	宇和島中	
			四国	準々決勝	13 - 3	丸亀中	
				準決勝	6 - 10	高松中	
1938		夏	県	準々決勝	4 - 5	宇和島中	
		冬	県	決勝リーグ	4 - 12	八幡浜商	
					6 - 2	越智中	
			四国	準々決勝	14 - 13	高知工	延長11回
				準決勝	2 - 11	高松商	
1939		夏	県	1回戦	3 - 5	松山商	
		冬	県	1回戦	2 - 3	宇和島中	
1940		夏	県	1回戦	12 - 1	八幡浜商	
				準決勝	6 - 7	宇和島商	延長10回
1946		夏	県	準々決勝	8 - 1	今治中	
				準決勝	11 - 0	三島中	
				決勝	3 - 8	松山商	県準優勝
1947		夏	県	1回戦	8 - 2	大洲中	
				準々決勝	1 - 2	宇和島中	

年代	学校名	季節	地域	回戦	得失点	相手校	備考
1892	尋常中学						球技同好会創設
1898	松山中学						
1902							正岡子規死去
1915							全国中学野球開始
1916		夏	四国	2回戦	6 - 11	香川商	第2回四国予選初参加(県で最古)
1917		夏	四国	1回戦	棄権	徳島師範	
				2回戦	8 - 1	大川中	
				準決勝	8 - 11	香川商	
1918		夏	四国	1回戦	15 - 0	香川師範	
				2回戦	9 - 5	香川商	
				準決勝	3 - 4	丸亀中	延長12回
1919		夏	四国	1回戦	2 - 5	徳島商	
				復活戦	4 - 2	北予中	
				準決勝	2 - 3	松山商	
1920		夏	四国西部予選	1回戦	8 - 1	北予中	
				準決勝	9 - 0	今治中	
				決勝	0 - 7	松山商	四国西部地区準優勝
1921		夏	四国	1回戦	1 - 0	香川商	
				準々決勝	2 - 3	松山商	延長10回松山商投手藤本定義
1922		夏	四国	1回戦	1 - 1	高松商	9回日没引き分け
					棄権	高松商	放棄試合で敗退
1923		夏	四国	1回戦	4 - 9	徳島商	
1924		夏	四国	1回戦	0 - 7	高松中	
1925		夏	四国	2回戦	6 - 2	高知工	松山商選抜優勝
				準々決勝	2 - 9	高松商	
1926		夏	四国	1回戦	3 - 0	坂出商	
				2回戦	7 - 0	丸亀中	
				準決勝	0 - 9	高松中	
1927		夏	四国	1回戦	1 - 0	丸亀中	
				2回戦	3 - 10	今治中	
1928		夏	四国	1回戦	5 - 1	丸亀中	
				2回戦	13 - 0	小豆島中	
				準々決勝	2 - 3	坂出商	
1929		夏	四国	1回戦	9 - 0	徳島師範	
				2回戦	5 - 0	高知工	
				準々決勝	12 - 11	今治中	
				準決勝	6 - 11	高松中	
1930		夏	四国	1回戦	7 - 2	徳島師範	松山商選抜準優勝
				2回戦	2 - 10	高松中	
1931		夏	四国	2回戦	2 - 7	高松商	
1932		夏	県	準々決勝	10 - 1	大洲中	松山商選抜優勝
				準決勝	8 - 6	越智中	夏の県予選開始
				決勝	4 - 9	松山商	県準優勝。松山商全国準優勝。
			四国	1回戦	5 - 13	高松商	
		冬	県	1回戦	8 - 1	越智中	第1回四国中等野球大会県予選
				準決勝	2 - 1	松山商	決勝はなし

年代	学校名	季節	地域	回戦	得失点	相手校	備考
1948	松山一高	春	県	1回戦	12 - 1	大洲一	第1回春季高校野球
				準決勝	11 - 2	八幡浜商	
				決勝	3 - 6	西条一	県準優勝
			四国大会	1回戦	3 - 8	高知商	西条一の代理出場
		夏	県	1回戦	7 - 0	松山工	夏の北四国大会開始
				準々決勝	2 - 7	八幡浜商	
		秋	県	準々決勝	5 - 1	越智中	第1回秋季高校野球
				準決勝	13 - 0	西条一	
				決勝	2 - 1	松山商	延長16回、県優勝
			四国	準決勝	1 - 4	徳島商	
				3位決定戦	0 - 7	高知商	
1949		春	県	準決勝	7 - 1	八幡浜商	
				決勝	4 - 3	松山商	県大会優勝
			四国	準決勝	15 - 0	徳島商	
				決勝	2 - 0	高松一	四国大会優勝
		夏	県	2回戦	14 - 4	今治工	
				準々決勝	12 - 2	北予中	
				準決勝	2 - 0	越智中	
				決勝	0 - 2	松山商	県準優勝
			北四国	1回戦	2 - 4	高松一	高松一の三番中西太
	松山東高(統合時代)	秋	県	1回戦	2 - 0	大洲	
				決勝	4 - 1	今治西	県優勝
			四国	1回戦	7 - 1	鳴門	
				決勝	0 - 1	高知商	四国準優勝
1950		春	県	1回戦	7 - 0	三島	
				準々決勝	6 - 0	大洲	
				準決勝	13 - 1	小松	
				決勝	13 - 1	松山南	県優勝
1950			四国	1回戦	14 - 6	高松商	
				決勝	1 - 5	高松一	延長10回、四国準優勝
		夏	県	2回戦	10 - 3	松山北	
				準々決勝	10 - 0	今治南	
				準決勝	2 - 0	八幡浜	
				決勝	7 - 2	今治西	県優勝
			北四国	1回戦	3 - 2	高松	
				決勝	3 - 0	高松商	北四国優勝
			全国大会	2回戦	4 - 3	長良	
				準々決勝	7 - 0	呉阿賀	
				準決勝	5 - 0	宇都宮工	
				決勝	12 - 8	鳴門	全国制覇
		国体	全国	1回戦	1 - 3	浜松商	
		秋	県	1回戦	2 - 10	西条北	
1951		春	県	1回戦	7 - 0	今治南	
				2回戦	12 - 1	川之石	
				準々決勝	6 - 1	川之江	
				準決勝	4 - 8	西条北	西条北のエース藤田元司
		夏	県	2回戦	7 - 0	川之石	
				準々決勝	7 - 4	宇和島東	
				準決勝	3 - 2	八幡浜	
1951	松山東高(統合時代)		北四国	1回戦	1 - 13	高松一	高松一の四番中西太
		秋	県	1回戦	不戦勝	南宇和	
				準決勝	11 - 1	西条北	西条北の主将藤田元司
				決勝	5 - 0	八幡浜	県優勝
			四国	1回戦	2 - 5	土佐	
1952	松山東高(商業科分離)	夏	県	1回戦	9 - 8	今治工	
				2回戦	1 - 8	今治北	
1953		春	県	1回戦	1 - 11	松山北	
		夏	県	1回戦	3 - 1	長浜	
				2回戦	4 - 11	西条北	松山商全国優勝
1954		春	県	1回戦	1 - 5	三島	
		夏	県	1回戦	1 - 19	八幡浜	
		秋	地区予選	1回戦	0 - 9	松山商	
1955		春	県	1回戦	8 - 1	今治工	
				2回戦	1 - 0	小松	
				準々決勝	1 - 2	宇和島東	投手村上41K
		夏	県	2回戦	9 - 0	吉田	
				3回戦	5 - 0	三瓶	
				準々決勝	2 - 1	西条	
				準決勝	2 - 4	宇和島東	代表決定戦進出
		秋	地区リーグ		8 - 7	松山南	
					0 - 6	松山北	
1956		春	県	2回戦	0 - 4	川之江	
		夏	県	2回戦	7 - 6	大三島	
				3回戦	5 - 4	新居浜東	
				準々決勝	1 - 8	新居浜工	
1957		春	県	1回戦	9 - 0	西条農	
				2回戦	0 - 10	今治西	
		夏	県	2回戦	0 - 7	松山商	
1958		春	県	2回戦	1 - 12	宇和島東	
		夏	県	2回戦	2 - 9	川之江	
1959		春	県	2回戦	0 - 11	松山工	
		夏	県	2回戦	6 - 4	新居浜西	
				3回戦	3 - 5	大洲	西条全国優勝
		秋	地区予選	ゾーン戦	0 - 10	松山北	
1960		春	県	2回戦	3 - 9	北宇和	
				2回戦	0 - 1	今治北	
		秋	地区予選		0 - 4	松山工	
					2 - 1	金亀	
					0 - 4	松山工	
1961		春	地区予選		0 - 7	松山北	
		夏	県	2回戦	3 - 4	野村	
		秋	地区予選		1 - 0	松山工	
					1 - 2	新田	
1962		春	地区予選		11 - 4	松山南	
					12 - 1	上浮穴	
			県	1回戦	2 - 5	北宇和	
		夏	県	2回戦	9 - 1	大三島	
				3回戦	4 - 7	新居浜東	
		秋	地区予選		6 - 8	松山城南	

年代	学校名	季節	地域	回戦	得失点	相手校	備考
1971	松山東高(商業科分離)	春	地区予選		0 - 2	松山聖陵	
		夏	県	1回戦	4 - 2	今治北	
				2回戦	6 - 4	松山南	
				3回戦	2 - 6	北宇和	
		秋	地区予選		1 - 8	内子	
					4 - 5	松山南	
1972		春	地区予選		6 - 2	松山北	
					3 - 6	松山聖陵	
		夏	県	1回戦	4 - 2	帝京第五	
				2回戦	0 - 4	西条	ノーヒットノーラン負
		秋	地区予選		5 - 2	内子	
					1 - 2	松山商	松山商投手　西本聖
1973		春	地区予選		2 - 1	内子	
			県	1回戦	3 - 0	東予工	
				準々決勝	1 - 2	南宇和	
		夏	県	1回戦	12 - 0	松山城南	
				2回戦	0 - 7	八幡浜	
		秋	地区予選		5 - 2	松山工	
					9 - 2	内子	
			県	1回戦	1 - 2	西条	延長12回
1974		春	地区予選		4 - 3	松山南	延長10回
					1 - 0	松山工	
			県	準々決勝	1 - 3	新居浜工	
				準決勝	4 - 3	今治南	
				決勝	0 - 4	新田	
		夏	県	2回戦	1 - 0	丹原	延長10回
				3回戦	3 - 0	今治北	
				準々決勝	1 - 4	今治西	
		秋	地区予選		3 - 2	新田	延長12回
					5 - 2	松山北	
			県	1回戦	7 - 4	八幡浜	
				準々決勝	4 - 2	三瓶	
				準決勝	0 - 6	今治西	代表決定戦進出
1975		春	地区予選		9 - 2	東温	
			県	準々決勝	0 - 4	西条	
		夏	県	1回戦	9 - 7	宇和島南	
				2回戦	1 - 2	東予工	新居浜商全国準優勝
		秋	地区予選		2 - 1	上浮穴	
			県	1回戦	3 - 2	今治南	
				準々決勝	不戦勝	西条	
				準決勝	1 - 3	新居浜商	代表決定戦進出
1976		春	地区予選		8 - 0	長浜	
					0 - 4	松山北	
		夏	県	1回戦	9 - 1	八幡浜工	
				2回戦	4 - 0	野村	
				3回戦	0 - 4	松山商	
		秋	地区予選		1 - 2	松山聖陵	

年代	学校名	季節	地域	回戦	得失点	相手校	備考
1963	松山東高(商業科分離)	春	地区予選		12 - 0	東温	
					0 - 1	松山城南	
		夏	県	1回戦	9 - 7	宇和島南	
				2回戦	3 - 11	南宇和	
		秋	地区予選		7 - 0	松山城南	
					7 - 6	松山北	
			県	1回戦	1 - 12	新居浜南	
1964		春	地区予選		1 - 5	松山北	
		夏	県	1回戦	3 - 1	三瓶	
				2回戦	4 - 2	北宇和	
				3回戦	0 - 3	今治南	
		秋	地区予選		13 - 6	上浮穴	
					0 - 8	松山北	
1965		春	地区予選		2 - 8	松山北	
		夏	県	1回戦	2 - 0	八幡浜工	
				2回戦	9 - 1	上浮穴	
				3回戦	3 - 4	新居浜商	
		秋	地区予選		6 - 3	北条	
					2 - 12	新田	
1966		春	地区予選		3 - 2	松山北	
			県	1回戦	2 - 9	松山南	
		夏	県	2回戦	5 - 4	川之石	延長12回
				3回戦	0 - 5	宇和島東	松山商全国準優勝
		秋	地区予選		0 - 4	松山北	
1967		春	地区予選		2 - 7	内子	
		夏	県	1回戦	7 - 0	西条農	
				2回戦	0 - 8	新居浜商	
		秋	地区予選		1 - 2	長浜	
1968		春	地区予選		9 - 5	東温	
					9 - 3	長浜	
			県	1回戦	0 - 7	川之江	
		夏	県	2回戦	1 - 11	松山商	
		秋	地区予選		0 - 4	内子	
1969		春	地区予選		5 - 0	北条	
					0 - 7	松山商	松山商全国優勝
		夏	県		11 - 13	大島	
		秋	地区予選		8 - 1	北条	
					5 - 2	松山工	
			県	1回戦	0 - 11	新居浜東	
1970		春	地区予選		5 - 1	松山北	
			県	1回戦	3 - 2	三島	
				準々決勝	0 - 3	宇和島東	
		夏	県	1回戦	9 - 2	松山聖陵	
				2回戦	10 - 0	西条農	
				3回戦	2 - 0	今治南	
				準々決勝	8 - 7	新居浜商	
				準決勝	2 - 8	西条	代表決定戦進出
		秋	地区予選		5 - 1	松山北	
			県	1回戦	1 - 8	新居浜商	

年代	学校名	季節	地域	回戦	得失点	相手校	備考
1985	松山東高(商業科分離)	春	地区予選		5 - 12	伊予	
		夏	県	1回戦	3 - 2	宇和島南	延長11回
				2回戦	3 - 6	上浮穴	
		秋	地区予選		4 - 1	北条	
					7 - 6	松山西	延長10回
			県	1回戦	7 - 6	小松	
				準々決勝	3 - 4	三島	
1986		春	地区予選		11 - 1	松山南	
					7 - 6	松山北	
			県	1回戦	10 - 3	西条農	
				準々決勝	8 - 7	宇和	
				準決勝	0 - 8	川之江	
		夏	県	2回戦	1 - 8	新居浜工	松山商全国準優勝
		秋	地区予選		6 - 10	松山南	
1987		春	地区予選		15 - 6	長浜	
					2 - 10	北条	
		夏	県	1回戦	7 - 11	新居浜工	
		秋	地区予選		7 - 0	松山中央	
					10 - 0	愛大附農	
			県	1回戦	0 - 10	三島	
1988		春	地区予選		10 - 11	松山北	宇和島東選抜優勝
		夏	県	1回戦	7 - 0	伯方	
				2回戦	5 - 8	東予工	
		秋	地区予選		0 - 6	新田	
1989		春	地区予選		0 - 7	松山工	
		夏	県	1回戦	8 - 6	土居	
				2回戦	3 - 2	弓削	
				3回戦	1 - 10	川之江	
		秋	地区予選		8 - 9	中山	
1990		春	地区予選		3 - 7	松山城南	新田選抜準優勝
		夏	県	1回戦	1 - 8	松山工	
		秋	地区予選		12 - 3	上浮穴	
					8 - 1	松山南	
			県	1回戦	0 - 12	宇和島東	
1991		春	地区予選		3 - 6	松山聖陵	
		夏	県	1回戦	4 - 0	大洲農	
				2回戦	0 - 8	川之江	
		秋	地区予選		10 - 2	北条	
					8 - 15	松山聖陵	
1992		春	地区予選		7 - 4	東温	
					6 - 9	松山北	
		夏	県	1回戦	3 - 7	中山	
		秋	地区予選		1 - 0	東温	
					5 - 13	松山北	

年代	学校名	季節	地域	回戦	得失点	相手校	備考
1977	松山東高(商業科分離)	春	地区予選		4 - 2	松山聖陵	
					11 - 1	長浜	
			県	準々決勝	2 - 3	宇和島東	
		夏	県	1回戦	13 - 3	新居浜南	
				2回戦	1 - 4	八幡浜工	
		秋	地区予選		3 - 4	新田	
1978		春	地区予選		9 - 8	新田	
					9 - 2	松山西	
			県	準々決勝	2 - 1	西条	延長16回
				準決勝	6 - 2	宇和島東	
				決勝	0 - 3	今治西	
		夏	県	2回戦	1 - 6	帝京第五	
		秋	地区予選		1 - 3	長浜	
1979		春	地区予選		3 - 5	松山西	
		夏	県	1回戦	2 - 1	新居浜東	
				2回戦	4 - 1	大島	
				3回戦	2 - 1	東予工	
				準々決勝	1 - 8	新居浜商	
		秋	地区予選		6 - 7	長浜	
1980		春	地区予選		2 - 1	松山北	
					4 - 0	松山西	
			県	1回戦	3 - 7	西条農	
		夏	県	2回戦	3 - 7	松山聖陵	
		秋	地区予選		7 - 5	中山	
					1 - 2	上浮穴	
1981		春	地区予選		0 - 7	松山商	
		夏	県	1回戦	2 - 3	三島	
		秋	地区予選		1 - 3	松山北	
1982		春	地区予選		3 - 5	東温	
		夏	県	1回戦	3 - 6	新居浜商	
		秋	地区予選		10 - 2	中山	
					3 - 8	松山南	
1983		春	地区予選		8 - 5	松山北	
					9 - 2	東温	
			県	1回戦	0 - 10	新居浜工	
		夏	県	2回戦	0 - 2	松山西	
		秋	地区予選		8 - 1	上浮穴	
					10 - 6	新田	
			県	1回戦	11 - 10	新居浜工	
				準々決勝	4 - 5	松山商	
1984		春	地区予選		10 - 3	松山西	
					12 - 2	北条	
			県	1回戦	5 - 3	新居浜東	
				準々決勝	8 - 7	大洲農	
				準決勝	3 - 7	西条農	
		夏	県	1回戦	3 - 1	丹原	
				2回戦	5 - 6	松山西	延長10回
		秋	地区予選		1 - 6	伊予	

年代	学校名	季節	地域	回戦	得失点	相手校	備考
2000	松山東高（商業科分離）	春	県		13 - 12	松山北	延長10回
					5 - 7	松山商	
		夏	県	1回戦	4 - 1	松山聖陵	
				2回戦	0 - 5	大洲	
		秋	地区予選		7 - 0	松山城南	
					1 - 8	伊予	
2001		春	地区予選		8 - 9	松山聖陵	
		夏	県	1回戦	18 - 0	今治明徳	
				2回戦	3 - 1	松山工	
				3回戦	0 - 8	宇和島東	
		秋	地区予選		11 - 7	松山工	
			県	1回戦	3 - 1	松山北	
				準々決勝	1 - 10	西条	
2002		春	地区予選		4 - 1	松山北	
					2 - 0	松山聖陵	
			県	1回戦	5 - 3	今治南	
				準々決勝	3 - 5	南宇和	
		夏	県	1回戦	4 - 5	八幡浜	正岡子規野球殿堂入り
		秋	地区予選		18 - 5	済美平成	
					1 - 2	松山商	
2003		春	地区予選		6 - 5	松山南	
					4 - 1	東温	
					4 - 5	吉田	
		夏	県	1回戦	2 - 5	伯方	
		秋	地区予選		5 - 0	伊予	
					12 - 2	伊予農	
			県	1回戦	7 - 1	宇和島東	
				準々決勝	1 - 3	済美	
2004		春	地区予選		10 - 0	中山	
					8 - 1	内子	
			県	1回戦	3 - 0	宇和島東	
				準々決勝	10 - 3	新田	
				準決勝	7 - 2	大洲	
				決勝	10 - 7	伯方	県優勝
				順位決定戦	0 - 4	済美	済美選抜優勝
			四国	1回戦	0 - 6	尽誠学園	
		夏	県	1回戦	4 - 3	今治西	
				2回戦	4 - 2	小松	
				3回戦	5 - 14	松山商	済美全国準優勝
		秋	地区予選		3 - 9	東温	
2005		春	地区予選		12 - 6	内子	
					2 - 1	松山西	
			県	1回戦	12 - 11	新居浜東	
				準々決勝	4 - 12	宇和島東	
		夏	県	1回戦	12 - 2	東予	
				2回戦	3 - 4	松山商	
		秋	地区予選		4 - 6	松山商	

年代	学校名	季節	地域	回戦	得失点	相手校	備考
1993	松山東高（商業科分離）	春	地区予選		7 - 6	松山工	
			県	1回戦	10 - 3	三島	
				準々決勝	6 - 3	今治北	
				準決勝	5 - 6	西条	
		夏	県	1回戦	9 - 1	小松	
				2回戦	10 - 2	松山北	
				3回戦	0 - 7	今治西	今治西投手藤井秀悟
		秋	地区予選		13 - 2	中山	
					8 - 9	松山工	
1994		春	地区予選		6 - 3	内子	
					4 - 7	松山中央	
		夏	県	1回戦	2 - 8	八幡浜工	
		秋	地区予選		5 - 9	新田	
1995		春	地区予選		4 - 5	松山工	
		夏	県	1回戦	10 - 0	三間	
				2回戦	16 - 1	新田	
				3回戦	11 - 4	宇和	
				準々決勝	1 - 8	松山商	
		秋	地区予選		15 - 0	上浮穴	
					11 - 2	松山城南	
			県	1回戦	1 - 2	津島	
1996		春	地区予選		5 - 10	松山聖陵	
		夏	県	1回戦	0 - 7	津島	松山商全国優勝
		秋	地区予選		12 - 5	長浜	
					6 - 9	伊予	
1997		春	地区予選		9 - 2	北条	
					9 - 6	松山城南	
			県	1回戦	1 - 8	八幡浜	
		夏	県	1回戦	0 - 6	西条農	
		秋	地区予選		9 - 7	北条	
					9 - 2	松山城南	
			県	1回戦	6 - 9	松山工	
1998		春	地区予選		1 - 12	松山聖陵	
		夏	県	1回戦	15 - 4	新居浜西	
				2回戦	6 - 7	津島	
		秋	地区予選		7 - 3	北条	
					3 - 0	松山西	
			県	1回戦	0 - 1	松山商	
1999		春	地区予選		10 - 0	伊予農	
					19 - 0	上浮穴	
			県	準々決勝	8 - 4	津島	
				準決勝	7 - 3	新居浜商	
				決勝	1 - 18	松山聖陵	
		夏	県	1回戦	5 - 12	松山商	
		秋	地区予選		12 - 0	小田	
					15 - 2	松山西	
			県	1回戦	10 - 1	東予工	
				準々決勝	9 - 6	松山商	50年振りに松山商を倒す
				準決勝	4 - 5	今治西	延長10回

年代	学校名	季節	地域	回戦	得失点	相手校	備考
2014	松山東高(商業科分離)	春	地区予選	1回戦	10-3	松山中央	
				2回戦	5-7	新田	
		夏	県	1回戦	7-0	川之石	
				2回戦	7-0	松山西	
				3回戦	1-0	今治西	
				準々決勝	10-2	南宇和	
				準決勝	3-2	東温	
				決勝	1-10	小松	
		秋	地区予選	1回戦	7-1	東温	
				2回戦	7-2	松山中央	
			県	1回戦	7-6	松山北	
				準々決勝	4-3	小松	
				準決勝	3-2	新田	
				決勝	0-5	今治西	
			四国	1回戦	2-5	鳴門	
2015		春	選抜	1回戦	5-4	二松学舎大付	
				2回戦	2-3	東海大四	
			四国大会出場決定戦		3-4	今治西	

新人戦と一年生大会を除く記録は明教倶楽部による

年代	学校名	季節	地域	回戦	得失点	相手校	備考
2006	松山東高(商業科分離)	春	地区予選		7 - 0	松山中央	
			県	1回戦	4 - 6	帝京第五	
		夏	県	1回戦	16 - 7	南宇和	
				2回戦	7 - 1	内子	
				3回戦	2 - 4	今治北	
		秋	地区予選		3 - 11	済美	
2007		春	地区予選		9 - 5	松山中央	
					7 - 2	北条	
			県	1回戦	2 - 3	西条	
		夏	県	1回戦	4 - 3	新居浜南	
				2回戦	0 - 2	松山聖陵	
		秋	地区予選	1回戦	7-2	松山南	
					7-2	小田	
			県	1回戦	5-1	北条	
				2回戦	7-14	宇和島東	
2008		春	地区予選	1回戦	1-9	済美	
		夏	県	1回戦	9-2	新居浜西	
				2回戦	3-7	新田	
		秋	地区予選	1回戦	11-0	小田	
				2回戦	11-2	愛大附農	
			県	1回戦	0-10	新田	
2009		春	地区予選	1回戦	7-6	松山南	
			県	1回戦	6-8	川之江	
		夏	県	1回戦	0-10	今治北	
		秋	地区予選	1回戦	3-12	松山北	
2010		春	地区予選	1回戦	0-3	東温	
		夏	県	1回戦	0-3	伊予	
		秋	地区予選	1回戦	2-3	松山工	
2011		春	地区予選	1回戦	8-3	松山商	
			県	1回戦	2-6	帝京第五	
		夏	県	1回戦	2-7	川之石	
		秋	地区予選	1回戦	11-3	松山中央	
				2回戦	6-5	伊予	
			県	1回戦	10-2	北宇和	
				2回戦	4-8	宇和島東	
2012		春	地区予選	1回戦	7-11	松山商	
		夏	県	1回戦	3-4	今治西	
		秋	地区予選	1回戦	0-3	済美	
2013		春	地区予選	1回戦	7-3	松山北	
				2回戦	6-1	松山西	
			県	1回戦	3-1	今治工	
				準々決勝	0-2	丹原	済美選抜準優勝
		夏	県	1回戦	2-1	新田	
				2回戦	5-6	宇和島南	
		秋	地区予選	1回戦	7-0	上浮穴	
				2回戦	1-0	松山南	
			県	1回戦	3-4	帝京第五	

明教倶楽部その後（卒業後も硬式野球でプレーしたOB）

卒業年	氏名	大学（学制改革前の旧制高校は除く）	社会人	プロ	監督	ひとこと
		大学名	企業名	球団名		
1931	福井正夫	東京帝国大学				初の東京六大学プレーヤー。
1934	武井潔	法政大学				甲子園出場。初の法政大学プレーヤー。後にテレビ解説も。
	竹内博	法政大学			母校	甲子園出場時の不動の捕手。法大でもプレー。
1936	倉橋憲明	東京帝国大学				最初に神宮のマウンドを踏んだOB。
1939	山崎明男	明治大学	大西製紙、伊予鉄道（広島退団後）	広島	母校	初のプロ野球選手。プロ退団後は母校の指導や解説者も。
1940	森雅功		大連満州倶楽部	大洋・洋松	母校	27歳でプロ入り。唯一プロで本塁打を打ったOB。
1943	山内良雄			金星		1946年プロに在籍。出場記録はないものの、退団後も母校に尽くす。
1948	高橋一尊	松山商科大学			**松山商科大学**	大学監督を務めた最初のOB。全日本選手権進出。
1950	豊田俊次郎	松山商科大学				高校、大学でムードメーカー。
	岡本（堀内）逸人	松山商科大学			母校	再分離後の野球部再興に貢献。
	金井満盛			大映		唯一「松山東高」が最終学歴のプロ選手。俊足強肩の外野手。
	仙波静夫		井関農機、富士鉄広畑			社会人でも四番打者。
1951	宇野秀幸	法政大学	**石川島重工***、スリーボンド		日産自動車、スリーボンド	法大でも四番、主将。ニッポンビール補強でも都市対抗に出場。
	吉井（柏木）達夫	法政大学				法大でチーフマネージャー。
	大川彰	松山商科大学	愛媛相互銀行		愛媛相互銀行、**松山商科大学**	ひめぎん野球部1期生。大学監督として全国大会出場。
1952	稲見達彦		東レ		母校	14シーズン母校の監督。
1956	村上任人	青山学院大学				夏の県大会ベスト4立役者。OB会重鎮。
	宮内健次	青山学院大学				青学大OB会相談役。
	杉山道日止	青山学院大学	日産自動車			日産での監督はOBの宇野。
1959	野口公博	**松山商科大学**				松山商大にその後OBが次々入学する道を開く。
1960	野本悌二	松山商科大学				
	花山弘暉	**松山商科大学**	**大倉工業**		大倉工業	OB唯一の都市対抗での勝利投手（四国電力の補強として）。
1961	大野洋三	**松山商科大学**				
1962	好光伸汎	**松山商科大学**				
1963	大澤征司	**松山商科大学**	伊予銀行			全日本大学選手権ベスト4進出。松山大OB会長。
	藤田建夫	**松山商科大学**				全日本大学選手権ベスト4進出。内野手として活躍。
	三好真悟	**松山商科大学**				高校、大学とマネージャーとして活躍。
	菊池完	**立教大学**			**筑紫工高、立教大学**	OBで最初の甲子園監督（1971年夏）。唯一の東京六大学監督。
	永井良平	神戸商科大学				
1965	高岡法雄	**松山商科大学**				
	宮崎律夫	**松山商科大学**				

卒業年	氏名	大学(学制改革前の旧制高校は除く)	社会人	プロ	監督	ひとこと
		大学名	企業名	球団名		
1966	中矢裕司	**松山商科大学**	**四国銀行***		母校	学生野球協会表彰選手を初めて受賞。補強で都市対抗出場。
1967	一色(山下)隆士	慶應義塾大学	**丸善石油**			慶大で4本塁打。都市対抗で唯一の本塁打打者。母校現OB会長。
	源田善啓	**松山商科大学**				
1969	高橋二郎	**松山商科大学**				4年連続全国大学選手権出場。
	杉尾哲男	**松山商科大学**				
	中川一憲	**松山商科大学**				
	石田哲二郎	**松山商科大学**				
	荒柴敏夫	**愛媛大学**				第1回明治神宮出場。
1971	正岡久志	**松山商科大学**				第3回明治神宮出場。
	岡本憲昭	**松山商科大学**				第3回明治神宮出場。
1972	井川豊	**松山商科大学**				
	公原千広	**松山商科大学**				
1973	永見誠基	**松山商科大学**				
	佐伯弘	東京教育大学→筑波大学				初の現筑波大学進学。
1974	高須賀靖	松山商科大学				
	池田紘紀	慶應義塾大学			母校	母校監督、NHKの解説も務める。
1975	鈴木宏通	慶應義塾大学	**トヨタ自動車**			リーグ戦11勝は六大学最多のOB。
1976	木脇護	慶應義塾大学	**三菱自動車京都**			慶大で投手でも野手でも出場。都市対抗にも4度出場。
	渡辺哲朗	愛媛大学			母校	愛大で四番、主将。
1978	白石享三	明治大学				明大期待の左腕。
	篠原一郎	東京大学				東大で4位に貢献。
	石山光一	愛媛大学				愛大で外野手として活躍。
	日野恵一	愛媛大学				愛大でエースとして活躍。
	上岡孝	愛媛大学				愛大で捕手として活躍。
1979	瀧口斉	慶應義塾大学				高校ではエース、慶大では外野手で活躍。
	堀内滋人	愛媛大学				高校まで内野手、大学からは俊足を生かして外野手として活躍。

一色(山下)隆士(1967卒/丸善石油)

稲見達彦(1952卒/松山東)

花山弘暉(1960卒/大倉工業)
※写真は四国電力の補強で出場時

宇野秀幸(1951卒/石川島重工・スリーボンド)※写真はスリーボンド時

菊池完(1963卒/筑紫工・立教大)
※写真は立教大時

高橋一尊(1948卒/松山商科大学)

山崎明男(1939卒/広島)

森雅功(1940卒/大洋・洋松)

大川彰(1951卒/愛媛相互銀行)

堀内準一(1985卒/松山東)

卒業年	氏名	大学(学制改革前の旧制高校は除く)	社会人	プロ	監督	ひとこと
		大学名	企業名	球団名		
1980	井上彰久	**松山商科大学**				松山商大でベストナイン。明治神宮出場。
	林宏郁	**松山商科大学**				松山商大で活躍。明治神宮にもベンチ入り。
	田所正巳	愛媛大学				
	佐久間(窪田)英二	熊本大学				夏の県大会ベスト8の立役者。
1981	中村和彦	愛媛大学				愛大で一塁手として活躍。
1982	和田隆志	愛媛大学				愛大では投手も経験。
1983	高田智生	愛媛大学				
	天崎一樹	九州大学				初の九州大学進学。
1985	堀内準一	高知大学			**母校(現職)**	四国リーグではベストナイン。菊池完以来の甲子園監督(2015年春)。
1986	信岡弘幸	愛媛大学				高校では一塁手、愛大では中軸打者として活躍。
1987	岡田耕治	愛媛大学				愛大で投手として活躍。
	石山貢	高知大学			母校	1回生秋に外野手でベストナイン、3回生秋は捕手としてベストナイン、首位打者。
	白石晃一	広島大学				広大で四番三塁手。
	橘肇	京都大学				初の京都大学進学。対立命館完封勝利。
1988	大渕善道	九州工業大学				九工大で内野手として活躍。
	松本謙一	愛媛大学				愛大でバントのスペシャリスト。
1989	大沢(上市)哲也	慶應義塾大学				慶大で外野手としてベンチ入り。
1990	高橋健太郎	**愛媛大学**			**大洲農(現職)**	唯一の全日本選手権本塁打を放ったOB。センバツで母校副部長。
	魚脇智彦	岡山大学	**柵原クラブ**			大学時代中国六大学連盟でベストナイン、首位打者。
1992	宇和上翼	立教大学				愛媛新聞運動部記者として母校に密着。
	服部友哉	松山大学				
1993	水口政人	慶應義塾大学				慶大では新人戦で本塁打を放つ。俊足の外野手。
1994	筒井泰彦	関西学院大学				初の関西学院進学。
1997	友近拓也	筑波大学			**川之江(現職)**	川之江を率いて県大会決勝進出。
1998	阿部雄介	岡山大学				岡山大で投手、野手、五番打者として活躍。
	山内直人	高知大学				高知大で外野手として活躍。
1999	岡部修三	慶應義塾大学				元大リーガー多田野(立大)と東京六大学リーグ戦で対戦。
	築山茂雄	立教大学				立大で捕手として活躍。
2000	灘部賢治	慶應義塾大学				慶大で捕手として活躍。
	笹崎卓也	順天堂大学				順大で投手として活躍。
	白濱洋史	大阪大学				初の大阪大学進学。
2001	宮本淳平	**慶應義塾大学**				慶大で明治神宮に出場、決勝で安打を記録。
	伊藤慎哉	京都大学	**Ritsベースボールクラブ**			4回生秋にベストナイン。京大史上最多安打記録保持者。
	武智雄宇	同志社大学				同大でリーグ戦登板。伊藤と一度だけ対決。
	東健二	愛媛大学				愛大で四番DH。OB会事務局。
	藤村健	徳島大学				徳大で四番DH。

卒業年	氏名	大学（学制改革前の旧制高校は除く）	社会人	プロ	監督	ひとこと
		大学名	企業名	球団名		
2002	平田雄也	愛媛大学				四国リーグでベストナインを二度獲得。
	脇貴裕	筑波大学				戦術、偵察、動作解析等コーチとして野球部に尽力。
2003	森田（中山）祐輔	立命館大学				立命大でもムードメーカー。
	重松翔吾	立教大学				立大で先発出場の経験あり。東京六大学リーグ戦通算12打数4安打。
2005	関本裕太	筑波大学				2004年春県大会優勝の立役者。
2006	泉洋介	創価大学				2004年夏県大会で1試合2本塁打。
	中ノ崎慎太郎	横浜国立大学				横国大でもエースとして活躍。
2007	益田総一郎	明治大学				リーグ戦通算打率10割。
	高岡恭平	**愛媛大学**				全日本大学選手権出場。
	岡本拓磨	**愛媛大学**				全日本大学選手権出場。
2008	梶原慎平	早稲田大学				唯一の早稲田OB。これで六大学がそろう。
2009	山田眞也	愛媛大学				高校で内野手、大学で投手として活躍。
2014	乗松凌太	**愛媛大学**				2015年度全国選手権に出場。1回生から正捕手。
	乗松孝丞	九州大学				
	宮岡玄	岡山大学				
2015	國政隆吾	広島大学				県大会決勝進出チームの捕手。
	村上貴哉	明治大学				県大会決勝進出チームの主将。
	杉村駿	関西学院大学				県大会決勝進出チームの四番打者。
	片山幹太	高知大学				県大会決勝進出チームの中堅手。
	田中一朗	首都大学東京				県大会決勝進出チームの右翼手。

団体名は在学時の名前を記載。東京帝国大学は現東京大学、松山商科大学は現松山大学。東京教育大学は現筑波大学。

愛媛相互銀行は現愛媛銀行。

太字は甲子園、全日本大学選手権、明治神宮、都市対抗野球（*は補強選手としてのみ出場）、全日本クラブ選手権出場者。

氏名の（　）内は在学時の姓。

なお、卒業後も硬式野球でプレーした選手ではないが、黒木太雄（2007年卒）が2015年春に今治西高の監督として甲子園に出場した。

伊藤慎哉（2001卒／京都大）

岡部修三（1999卒／慶應大）

吉井達夫（1951卒／法政大）

橘肇（1987卒／京都大）

宮本淳平（2001卒／慶應義塾大）

篠原一郎（1978卒／東京大）

村上貴哉（2015卒／明治大）

武智雄宇（2001卒／同志社大）

福井正夫（1931卒／東京帝国大）

鈴木宏通（1975卒／慶應義塾大）

提供＝ベースボール・マガジン社（菊池完、鈴木宏通の写真）、福井正夫は東京大学野球部史より転載

〈企画・編集〉

津川晋一

1971年愛媛県生まれ。1990年に松山東高を卒業。筑波大学卒業後、NHK入局。報道局ディレクターとして「ニュース7」「おはよう日本」「サンデースポーツ」に携わる。アトランタ五輪、シドニー五輪、アテネ五輪など五輪取材も多い。1996年にフリー転身。2005年に米国移住し、シアトル・マリナーズ担当としてイチローと城島健司をフルカバー。日本のテレビ局幹事取材、スポーツ報知の通信員、文藝春秋『Number』などで連載。第1、2回WBCでも世界一の模様を伝えた。2010年帰国後はTBS系列「バースデイ」「戦力外通告」「プロ野球選手の妻たち」の演出などドキュメンタリーを多数製作。著書に『月給12万のヒーロー がんばれ侍ベアーズ』など。出版社も設立しメディア全般で活躍中。

〈執筆陣〉(担当文章の掲載順)

西下　純

1964年愛媛県生まれ。1983年に松山東高を卒業。関西大学卒業後、デイリースポーツに入社。記者として阪神ほかプロ野球6球団、ゴルフ(米メジャーなど海外ツアー含む)を担当。現在は編集委員として国内外を奔走しコラムを執筆している。書籍では『21世紀の野球理論』(神戸新聞出版センター)の構成担当。趣味はゴルフ、釣り、ロックバンドだが、いずれも長いキャリアで腕前は並以下。松山東野球部時代は主に3番、たまに5番の三塁手。本人曰く「練習前、グラウンド脇の武道場でつばえよって神棚を破壊。直後の練習で頭部死球を受け救急車に乗った。しばらく神の存在を信じた」という。

山岡淳一郎

1959年愛媛県生まれ。1978年に松山東高を卒業。出版関連会社、ライター集団を経てノンフィクション作家となる。「人と時代」「21世紀の公と私」を共通テーマとして、エネルギー、政治、建築、医療、近現代史、経済、スポーツなど分野を超えて旺盛に執筆。ドキュメンタリー番組のコメンテーター、様々な団体やNPOなどに招かれての講演活動も展開中。復興取材も積極的に繰り返している。『気骨　経営者土光敏夫の闘い』(平凡社)、『田中角栄の資源戦争』(草思社文庫)、『後藤新平 日本の羅針盤となった男』(草思社文庫)、『原発と権力』(ちくま新書)、『国民皆保険が危ない』(平凡社新書)、『あなたのマンションが廃墟になる日』(草思社)ほか著書多数。近著に『逆境を越えて　宅急便の父・小倉昌男伝』(KADOKAWA)。

長谷川晶一

1970年東京都生まれ。早稲田大学卒業後、出版社勤務を経てノンフィクション作家に。著書多数。『ワールド・ベースボール・ガールズ』(主婦の友社)、『マドンナジャパン 光のつかみ方：世界最強野球女子』(亜紀書房)などの著書があり、長年女子野球の取材を精力的に続けている。近著に名レスラー・三沢光晴の死の謎、彼とゆかりのある人々の「その後」を描いた『2009年6月13日からの三沢光晴』(主婦の友社)、73～78年まで存在した太平洋・クラウンライオンズの6年間を追う『極貧球団 波瀾の福岡ライオンズ』(日刊スポーツ出版社)がある。この書籍で第2章の高橋龍太郎を執筆したのは、自著『最弱球団　高橋ユニオンズ青春記』(白夜書房)が縁となった。

篠原一郎

1959年高知県生まれ。1978年に松山東高を卒業。高校時代は3年で四番打者。東京大学進学後もプレーを続け、一塁手。現在は電通スポーツ局スポーツ2部部長。スポーツビジネスに従事しゴルフ担当歴が長い。アメリカ野球研究学会東京支部長、野球殿堂博物館維持会員、東京六大学野球活性化委員。毎晩夜中にプロ野球の再放送をケーブルテレビで視聴。翻訳に『日本人が知らない松坂メジャー革命』(著アンドリュー・ゴードン／朝日新書)、共著に『一流を育てる』(朝日新聞be編集部／晶文社)。母校のセンバツ出場では開会式(号泣)、1回戦(ハラハラ観戦)、2回戦(アルプスで声援)と3度夜行バスで甲子園へ。しかし仕事では野球とは無関係で「自分にとって野球とは何か」という答えを捜索中(本当は人生そのものだと言いたいが、言えない。仕事もちゃんとやっている)。

鷲崎文彦

1975年東京都生まれ。武蔵工業大学(現・東京都市大学)卒。スポーツライター。週刊誌や月刊誌、ムック本などでプロ野球からアマチュア野球まで幅広く取材。『翔！頂点目指して　中田翔』(徳間書店)『西川遥輝 メッセージBOOK -ONE OF KIND- 』『菊池涼介 丸佳浩 メッセージBOOK-キクマル魂-』(ともに廣済堂出版)の取材・構成担当。プロ野球選手のオフィシャルブックの構成に数多く携わる。趣味は草野球。しかし、年々、怪我をする頻度が高くなり「戦力外」も時間の問題。この書籍で『第6章 その時、アルプスが揺れた』を担当したのは、週刊現代の誌面で『松山東高校～偉人たちとの春』を担当したのがきっかけとなった。

宇和上　翼

1974年愛媛県生まれ。1992年に松山東高を卒業。在学時は左腕投手、新チームでエースに。立教大学でも野球部に入り1、4年時に計6試合に登板。愛媛新聞社入社以降、販売部、データ部、社会部、運動部と経験。運動部は現在7年目。現在は独立リーグの愛媛マンダリンパイレーツや、社会人野球の松山フェニックスを担当。2010年春から甲子園はほぼ毎回取材。2012年夏にロンドン五輪担当となり、現地で中矢力、村上幸史、武田大作ら愛媛勢を1人で追いかけた。今でも愛媛マンダリンパイレーツの練習で、率先してボール拾いをするぐらい野球が好き。また、父の宇和上正は過去に松山東高野球部長をやっていた。

田丸雅智

1987年愛媛県生まれ。2006年に松山東高を卒業。ショートショート作家。東京大学工学部、同大学院工学系研究科卒。2011年12月『物語のルミナリエ』に「桜」が掲載されデビュー。12年3月には、樹立社ショートショートコンテストで「海酒」が最優秀賞受賞。以降、電子雑誌プラットフォーム「マガストア」にて、電子フリーペーパー「MAGASTORE MAGAZINE 27 ショートショートの、いま」を手がけるなど、若手ショートショート作家を代表するひとりとしてショートショートの復興に尽力している。江坂遊の弟子で、星新一の孫弟子。主な著書に『夢巻』『海色の壜』(いずれも出版芸術社)、『珍種ハンター ウネリン先生』(学研)。近著に『家族スクランブル』(小学館)。

スタッフ

企画・編集　津川晋一

編集補助　川本裕司、寺川秋花、貫洞祐子

制作協力　篠原一郎、西下純
進行協力　丹下誠司、山岡淳一郎、高村重人

デザイン　ansyyqdesign

写真提供　デイリースポーツ（P.20,108,142,176,209〜219,222-224）
岡田康且（P.17,18,103〜107,110〜112,288）
日刊スポーツ／アフロ（表紙）
愛媛県立松山東高等学校写真部（P.220,221）

特別協力　愛媛県立松山東高等学校
松山中学・松山東高等学校同窓会事務局
松山中学・松山東高等学校同窓会関東支部
松山中学・松山東高等学校同窓会近畿支部
松山中学・松山東高等学校同窓会東海支部
松山東高等学校野球部OB会明教倶楽部
松山市立子規記念博物館
公益財団法人野球殿堂博物館

協力　藤田繁治、宮岡博、二宮久幸、谷本猛、堀内準一、大屋満徳、加世田学、
山本太平、村上愼吾、豊島吉博、一色隆士、貞本和彦、井手一隆、武智和夫、
宇和上正、高橋健太郎、東健二、米田貴弘、竹田美喜、上田一樹、池内伸二、
高沢尚、川中大輔、巽太陽、隆武亨、藤岡啓介、大森俊祐、渡邉竜太、
日野哲、丹下万季子、西川裕子
東北学院史資料センター
二松學舍大学附属高等学校
東海大学付属第四高等学校

参考文献一覧

『正岡子規―ベースボールに賭けたその生涯』（著＝城井睦夫／紅書房）
『子規とベースボール』（著＝神田順治／ベースボール・マガジン社）
『日本野球創世記』（著＝君島一郎／ベースボール・マガジン社）
『子規山脈』（著＝坪内稔典／日本放送出版会）
『子規全集』第十、十一、十二、二十二巻、別巻二、別巻三（著＝正岡子規／講談社）
『陸羯南』（著＝有山輝雄／吉川弘文館）
『高橋龍太郎翁』（大塚榮三／新文化研究會）
『高橋龍太郎と武士道〜明治時代のベースボール移入期から野球黎明期へかけての一視点〜』（山地良造／ベースボーロジー２）
『最弱球団　高橋ユニオンズ青春記』（長谷川晶一／白夜書房）
『松山中学・松山一高・松山東高　野球史』（明教倶楽部）
『愛媛県立松山商業高等学校野球史』（愛媛県立松山商業高等学校）
『明治大学野球部史第1巻、第2巻』（駿台倶楽部）
『明治大学野球部創部100年史』（駿台倶楽部）
『東京大学野球部史』（一誠会）
『松山商科大学野球部史』（六八会）
『熱球譜　甲子園全試合スコアデータブック』（恒川直俊／東京堂出版）
『高校野球がまるごとわかる事典』（森岡浩著／日本実業出版社）
『愛媛の野球100年史』（愛媛新聞社）
『週刊朝日増刊号』（朝日新聞出版）
『センバツ2015　サンデー毎日増刊』（毎日新聞社）
『都市対抗　サンデー毎日臨時増刊』（毎日新聞社）
『週刊ベースボール増刊』（ベースボール・マガジン社）
『野球年鑑』（東京六大学連盟）
『日本野球連盟50年史』（日本野球連盟）
『全日本大学野球選手権大会公式プログラム』（全日本大学野球連盟）
『全日本大学野球連盟50年記録集』（全日本大学野球連盟）
『都市対抗野球60年史』（日本野球連盟、毎日新聞社）
『日本プロ野球歴代全選手写真名鑑』（ベースボール・マガジン社）
『明治神宮野球大会二十年誌』（明治神宮野球場）
『六大学選手写真名鑑』（野球界附録）

※本書に掲載したデータは2015年6月現在のものであり、敬称は省略しました。

MiraiKanai

白球は時空を超えて
松山東高野球部124年目のキセキ

2015年6月24日 第1刷発行

著　者　チームまゆきよ
北村晴男、西下純、山岡淳一郎、長谷川晶一
篠原一郎、鷲崎文彦、宇和上翼、田丸雅智、津川晋一

発行者　津川晋一

発　行　ミライカナイブックス
〒104-0054　東京都中央区勝どき1-8-1-1601
URL：www.miraikanai.com
Mail：info@miraikanai.com
TEL 03-6326-6113　FAX 03-6369-4350
印刷・製本　中央精版印刷株式会社

検印廃止